浙江省哲学社会科学新兴（交叉）学科重大扶持课题
"创建我省数字化财政清廉高效模式与实现路径研究"（编号：19XXJC01ZD）成果

■ 王泽霞　徐荣华　罗春华　等/著

数字化清廉财政
——理论、模式与浙江实践

SHUZIHUA QINGLIAN CAIZHENG
—— LILUN, MOSHI YU ZHEJIANG SHIJIAN

中国财经出版传媒集团

经济科学出版社
Economic Science Press

·北京·

图书在版编目（CIP）数据

数字化清廉财政：理论、模式与浙江实践/王泽霞
等著. —北京：经济科学出版社，2024.5
ISBN 978 - 7 - 5218 - 5915 - 7

Ⅰ.①数… Ⅱ.①王… Ⅲ.①财政管理-廉政建设-
数字化-研究-浙江 Ⅳ.①D630.9

中国国家版本馆 CIP 数据核字（2024）第 102755 号

责任编辑：杜　鹏　武献杰　常家凤
责任校对：蒋子明
责任印制：邱　天

数字化清廉财政：理论、模式与浙江实践
王泽霞　徐荣华　罗春华　等/著
经济科学出版社出版、发行　新华书店经销
社址：北京市海淀区阜成路甲 28 号　邮编：100142
编辑部电话：010 - 88191441　发行部电话：010 - 88191522
网址：www. esp. com. cn
电子邮箱：esp_bj@ 163. com
天猫网店：经济科学出版社旗舰店
网址：http://jjkxcbs. tmall. com
固安华明印业有限公司印装
710×1000　16 开　12.5 印张　200000 字
2024 年 5 月第 1 版　2024 年 5 月第 1 次印刷
ISBN 978 - 7 - 5218 - 5915 - 7　定价：99.00 元
（图书出现印装问题，本社负责调换。电话：010 - 88191545）
（版权所有　侵权必究　打击盗版　举报热线：010 - 88191661
QQ：2242791300　营销中心电话：010 - 88191537
电子邮箱：dbts@ esp. com. cn）

项目负责人：王泽霞
子课题负责人：刘翰林 徐荣华 罗春华
参与撰写者：何年初　刘翰林　李天瑜　郑国芳　沈瑶瑶

前　言

　　财政是国家治理的基础和重要支柱，它一头连着公权力，一头连着公共资金。对于财政资金的使用，清则流长，廉则行远。因此，清廉是财政的生命线。

　　2018 年 7 月，浙江省十四届三次全会审议通过《关于推进清廉浙江建设的决定》，向全省发出了清廉建设动员令。浙江省财政厅党组第一时间制定出台《关于推进全省清廉财政建设的实施意见》，聚焦公共资金、公共资产、公共资源，把构建"五大体系"作为"清廉财政"建设的重要内容。各市县财政部门积极出台工作细则，同步跟进。6 年来，"清廉财政"建设的内涵日益丰富，外延不断拓展。在出台全省清廉财政建设实施意见的基础上，2019 年，省财政厅党组理出 21 项重点任务清单，采取"市县认领、省厅指导、重点推进"的方式，着力破解基层财政管理中的难点、痛点、堵点问题；2020 年，省本级建立与省直其他部门、基层财政部门协同机制，明确 10 项重点任务，通过共建、共创、共享的模式，推动"清廉财政"建设落地见效；2021 年，围绕财政公款存放、资金管理、财会监督等重点领域和关键环节，实施"七大专项行动"，纵深推进"清廉财政"建设；2022 年，制定出台了清廉财政三年行动方案，以"十大工程"为抓手，迭代深化"清廉财政"建设，助力"清廉浙江"建设提质增效。2023 年，浙江省财政厅积极构建"三不腐"能力指数评价体系，该评价体系从财政运行视角将清廉理念、清廉制度、清廉监督等要素与促进财政治理发展相结合，从"不敢腐""不能腐""不想腐"和满意度评价 4 个维度，将清廉能力细化成 12 项一级指标和 32 项二级指标，搭建了数字化应用场景驾驶舱，实现了层级式评价、个性化评分和常态化数据更新，深入推进清廉财政建设。

在数字化大行其道的今天，财政支出数据集中和共享已经形成。而数据共享云平台的构建能够打通信息壁垒，实现跨层级、跨地域、跨系统、跨部门的管理与监督。基于此，本书通过文献分析、实地调查、归纳演绎及大数据分析等方法，解决如下几个问题，以期为浙江省数字化财政清廉作贡献，为全国财政清廉工作提供经验。

第一，创建财政腐败动因和理论分析框架，构建大数据清廉反腐模式，以期利用大数据预防和精准识别浙江省财政支出腐败。

第二，创建浙江省财政异构低价值密度大数据的融合与协同估值、领域导向的大数据价值分析框架及方法，形成实时的数据库、方法库、模型库，以期精准识别财政腐败相关信息，预测和识别财政支出腐败。

第三，搭建浙江省财政支出基于生态链的 SaaS 智能费用管控云平台，技术上无缝集成数据实现不能腐，以期实现"流水式云报销模式"，对财政支出中在职消费、"三公经费"等腐败行为实施精准防控。

第四，搭建浙江省财政支出 SaaS 智能反腐云审计平台，利用数据挖掘方法全方位查找财政支出各环节腐败"风险点"。

第五，构建浙江省财政支出党委统一指挥、全面覆盖、"大智移云平台"智能高效反腐的监督体系，以期依据大数据"全景"视角评价各级政府清正廉洁，透明财政支出，打造阳光财政，建清廉政府。

在本书编写过程中，沈颖姣、夏裕科、叶秀雯、戎汝燕、施璐雯等研究生提供了很多帮助，在这里对他们的辛勤劳动表示感谢。

本书为浙江省哲学社会科学新兴（交叉）学科重大扶持课题"创建我省数字化财政清廉高效模式与实现路径研究"（课题编号：19XXJC01ZD）的成果。

作者
2024 年 4 月

目　录

第一章　绪论

第一节　研究背景与意义

官员腐败是各国政府面临的重大难题。美国司法部官员称，保证《反海外腐败法》的实施是他们工作中仅次于反恐行动的非常重要的部分；英国司法部《2010 反贿赂法》甚至将没有预防贿赂列为公司的新罪名。党的十八大以来，党和国家展开了力度空前的反腐行动；《最高人民检察院工作报告》显示，2023 年受理各级监委移送职务犯罪 2 万人，已起诉 1.8 万人，其中原省部级干部有 25 人；中央纪委国家监委网站的数据显示，2023 年全国查处违反中央八项规定精神问题共 107 547 起，批评教育和处理 153 662 人，其中党纪政务处分 108 695 人；2023 年 6 月发布的《国务院关于 2022 年度中央预算执行和其他财政收支的审计工作报告》显示，2022 年 5 月以来，审计共发现并移送重大违纪违法问题线索 300 多起，涉及 1 800 多人。浙江省作为深化国家监察体制改革的三大试点单位之一，积极探索完善党和国家自我监督的有效途径，从组织形式、职能定位、决策程序上将党对反腐败工作的统一领导具体化，健全反腐败领导体制，实现对政府所有公职人员监察全覆盖，构建集中统一、权威高效的浙江省政府清廉反腐监察体系。2023 年，浙江省共查处违反中央八项规定精神问题 5 051 起、批评教育和处理 6 433 人，其中，给予党纪政务处分 4 925 人。这些数据表明浙江省仍需不断探索清廉政府模式，积极稳妥地推进大数据全景视角监督、评价浙江省政府官员履职行为，建立一支清正廉洁的公务员队伍。

腐败的本质是一种用权力谋取私利的行为（Aidt，2003）。"绝对权力导致绝对腐败"，因此，让公众监督权力并使之在阳光下运行，是把权力关进制度的笼子里实现制度反腐的根本之策。党的十九大报告明确提出"建立全面规范透明、标准科学、约束有力的预算制度，全面实施绩效管理"。随着"大智移云"（大数据、智能化、移动互联网、云计算）技术快速发展，财政支出数据集中和共享成为可能。数据共享云平台的构建能够打通信息壁垒，实现跨层级、跨地域、跨系统、跨部门的管理与监督。那么，基于"大智移云平台"如何创新政府财政支出的清廉模式？即如何实现预算刚性约束？如何实时监控每一笔财政支出，实现精准预防腐败？如何运用大数据全面实施财政绩效管理？如何通过大数据全景视角评价政府和干部的清正廉洁？上述问题是国家大数据战略下探索技术反腐、创建清廉政府亟待解决的重大命题。

第二节　研究思路和研究方法

1. 研究思路与技术路径

本书沿着"文献研究—理论研究—调研与数据采集—设计浙江省财政支出反腐败大平台生态圈——成果转化（试点—上线测试）"思路开展研究。技术路径如图 1–1 所示。

2. 研究方法

（1）文献研究法。文献研究法主要运用于理论分析阶段，通过收集资料和整理相关文献资料，对浙江省财政支出腐败、舞弊风险识别、云审计研究的理论成果进行归纳总结，为进一步的研究奠定文献和理论基础。

（2）访谈、问卷调查与案例分析法。

（3）创建模型与实证分析。

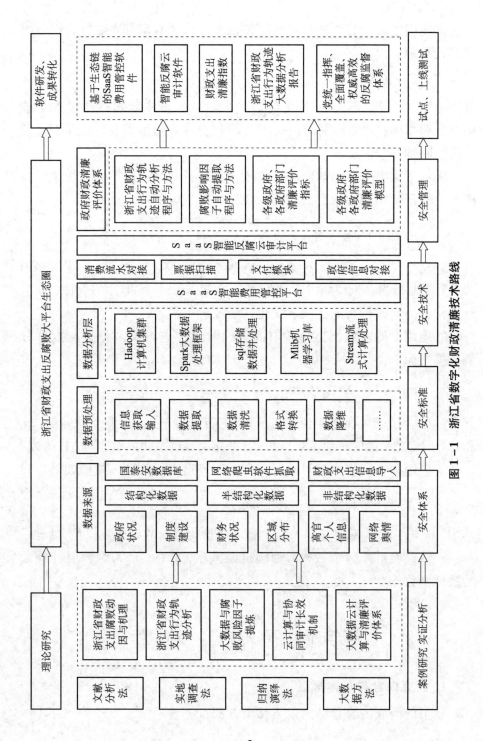

图1-1 浙江省数字化财政清廉技术路线

①应用主成分分析法进行数据预处理，对政府高官腐败行为影响因素进行判别，模型如下：

$$P_i = a_{1i}X_1 + a_{2i}X_2 + \cdots + a_{ni}X_n \quad Z = \sum a_k X_k$$

其中，P 为主成分值；a、X 为导数和向量，向量主要包括衡量国企清廉的各项指标；Z 为判别值；X_K 为反映政府清廉程度的特征变量；a_k 为变量的判别导数。

②利用聚类分析对政府高官腐败行为进行归类，运用欧式距离计算模型比较不同类别腐败行为之间的差异，模型如下：

$$\text{EUCLID}\,(X_i, X_j) = \sqrt{\sum_{k=1}^{n}(X_{ik} - X_{jk})^2}$$

其中，$X_i = (X_{i1}, X_{i2}, \cdots, X_{in})$，$X_j = (X_{j1}, X_{j2}, \cdots, X_{jn})$ 代表第 i 和 j 个腐败行为，X_{in} 为第 i 个腐败行为在第 n 项分类指标的取值，n 个分类指标为腐败行为的区域、文化、资源、年龄等。

③应用支持向量模型对政府高官腐败风险进行文本挖掘与数据分析，模型如下：

$$f(x) = \sum_{i=1}^{n} \alpha_i y_i K(x, x_i) + b$$

其中，y_i 是训练样本的种类值，向量 x 对应于一个输入，x_i 是支持向量，α_i 和 b 是确定超平面的参数，$K(x, x_i)$ 是定义高维空间内积运算的核函数。

④应用神经网络模型对政府高官腐败风险进行判别，模型如下：

$$Y_1 = \sum_{j=1}^{m} f\left(\sum_{i=1}^{n} W_{ji} \cdot X_{il} + \theta_1\right)\nu_j + \theta_2 + \varepsilon_1$$

其中，$X = (X_1, X_2, \cdots, X_n)$，输入变量为 Y，W、$\nu$ 为权重，l = 1，2，$\cdots$，k，表示样本个数，ε_1 为随机误差项，f（·）为隐含层神经元的激活函数。

第三节 研究内容与创新

1. 研究内容与总体框架

本书的研究内容总括为以下几个方面：

（1）通过大数据预防与精准识别浙江省财政支出腐败的理论分析框架与清廉反腐模式的创建。提出基于"大智移云平台"的财政支出清廉反腐模式及技术反腐和体制机制反腐的实现路径，搭建基于生态链的 SaaS 智能费用管控云平台和智能反腐云审计平台，构建党统一指挥、全面覆盖、智能高效的监督体系。

（2）搭建浙江省财政支出基于生态链的 SaaS 智能费用管控云平台，技术上无缝集成数据实现不能腐。云平台嵌入内控、诚信、自动化原理，技术上实现"流水式云报销模式"，对财政支出中在职消费、"三公经费"等方面存在的腐败行为实施精准防控。

（3）通过大数据实现浙江省财政腐败的相关信息采集、预处理与模型构建。研究预测和识别财政支出腐败的技术方法，创建浙江省财政异构低价值密度大数据的融合与协同估值、领域导向的大数据价值分析框架及方法，形成实时的数据库、方法库、模型库。

（4）研发搭建浙江省财政支出 SaaS 智能反腐云审计平台，利用数据挖掘方法全方位查找财政支出各环节腐败的"风险点"，如科研经费支出、教育支出、医药卫生支出、"三农"支出以及保障性安居工程等，精准实时预警财政腐败风险，实现多维度、多视角协同持续审计，构建审计大格局。

（5）构建浙江省财政支出党委统一指挥、全面覆盖、智能高效的监督体系。构建各政府部门清廉指数，通过大数据全景视角评价政府部门；探索国家大数据战略下浙江省政府全面从严治党，以制度建设为核心、以大数据云计算等 IT 技术为支撑，构建集行政权力公开运行机制、实时监控机制、问责惩处机制等多项机制为一体的政府权力监控运行体系。

研究内容及框架如图 1-2 所示。

2. 研究创新

（1）研究视角创新：聚焦大数据、移动互联网、云计算等新 IT 技术，建立全景式视角评价政府高官清廉指数体系，多维度、多视角、全方位监控政府高官腐败，突破传统的单维度、单因素反腐。

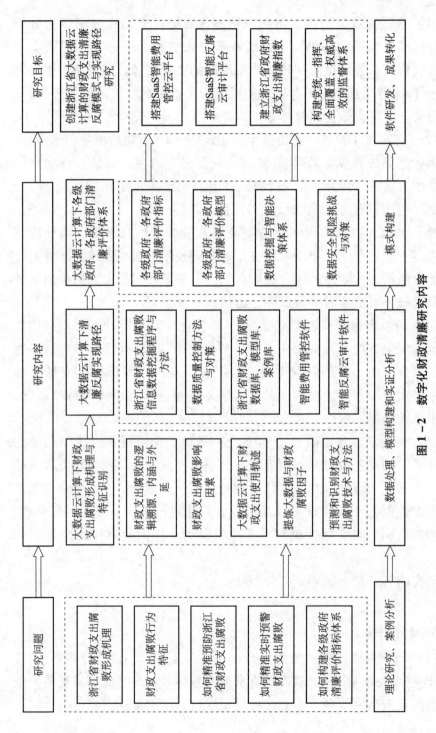

图 1-2 数字化财政清廉研究内容

（2）学术观点创新：提出创建浙江省政府官员"大智移云平台"清廉反腐模式，搭建基于生态链的 SaaS 智能费用管控云平台和智能反腐云审计平台，将内控制度嵌入业务流程中，无缝集成数据，在技术上实现由事后查处腐败变为事前、事中、事后三位一体精准预防和实时预警腐败体系，从源头遏制政府高官腐败，丰富我国反腐理论。

（3）研究方法创新：运用数据挖掘、云计算等先进技术自动搜集信息、挖掘分析并提供实时跟踪和精准预警；对异构数据、低价值密度大数据进行融合与协同估值；实现会计学、计算机学、统计学等学科的交叉融合创新研究。

第二章　文献回顾与理论基础

第一节　文献回顾

1. 国外研究

国外在理论层面研究了财政廉洁高效的实现路径，着重探讨了财政分权、财政支出、财政透明度以及财政监督等对腐败的影响。大多数转轨国家的法律制度不完善，财政过度分权导致寻租行为并衍生出腐败。学术界对财政分权持有两种截然不同观点："腐败抑制论"认为财政分权有助于抑制腐败和减少腐败官僚对贿赂的需求（Bernnan，1980；Weingast，1995；Fiaman，2002；Oto-Peralias，2013）；而"腐败恶化论"却认为政府分权会增加贿赂需求并发现联邦制国家的腐败率更高（Shleifer，1993；Alexeev，2012；Antonio，2012）。相比中央政府，地方政府更具有信息优势，更能了解地方选民的偏好，因而财政分权更有利于提高经济效率（Oates，1972）。

在财政支出环节，腐败弱化了财政支出效益并扭曲了公共资源配置，造成某些领域公共支出不足而另一些领域出现过度供给的现象（Mauro，1998；Martinez，2007；Hessami，2014）。财政透明度有利于抑制腐败。财政透明度是指政府详尽地向公众公开政府结构和职能、财政政策倾向、公共部门账户和财政规划等信息（Kopits and Craig，1998）。弗雷约翰（Ferejohn，1999）提出了理论分析框架，在公共支出委托代理关系中，公众为委托人，政府为代理人，公众将税收资源委托给政府，希望政府能够为其提供优质的公共品和服务，但在委托代理关系中，往往存在信息不对称，政府会拥有更多信息，在这种情况下，政府很可能利用信息优势为自身提供寻租机会，这将有损公众利益。皮特里（Petrie，2003）认为，政府公开其财政状况及其意图等信息，将有助于提高其从国际资本市场融资的能力，并使其能在面对变幻的经济情况时更早且更平滑地调整其财政政策，从而降低财政风险。哈格拉姆等（Khagram et al.，2013）认为，有四个主要因素驱动了各国政府财政透明度的变化，分别是政治转型、财政和经济危机、腐败丑闻以及外部（国际、全球、区域以及跨国的）影响。欧文（Irwin，2013）认为，技术创新减少了信息存储、分析和传输的成本，尤其是会计电算化系统以及通过网络公布信息节省了大量成本，使得政府可以实时地估计财政赤字和负债，并提炼和发布更为详尽的财政信息。正因如此，现代信息技术手段有助于在政府与公众之间建立更畅通的信息沟通渠道，从而增强财政透明度。里奥斯等（Rios et al.，2013）则发现，互联网普及率越高的国家其政府预算信息披露水平越高，原因在于互联网使用者越多，民众对于电子信息披露的要求也越高，进而推动政府增加网络信息披露。哈里森和萨约戈（Harrison & Sayogo，2014）以 2012 年联合国电子政务调查报告中提供的电子参与指数来衡量各国公众通过网络获取政府信息的能力，研究发现，电子参与指数与四个财政透明度指标中的两个显著正相关。佩特等（Peat et al.，2015）对 45 个国家的跨国研究发现，主权信用市场对财政不透明发挥了惩戒效应——财政越不透明的国家其主权信用违约掉期利差越高。如果政府能公布预算执行报告等信息，那么政府以外的信息使用者，如预期受益者、民间团体、政策分析者等就能执行监督责任，减少滥用公共资金等腐败行为。财政透明度越高的国家其信贷评级、财政纪律越高，贪污腐败行为越少（Hameed，2005；Haque，2009）。阿里乌什－雅穆泽克（Ariusz Jarmuzek，2006）则探索了在经济转型期建立财政透明度对财政纪律起到更好作用的问题。会计质量与腐败呈负相关关系，扩大会计信息披露内容可以在一定程度上降低腐败（Malagueno，2010；Muhammad，2013），这些都从一个侧面支持了财政透明度对腐败的制约作用。

国外在实践层面探索了清廉财政的保障体制机制。以法国经济学家阿利克斯（Alix）为主的学派认为财政监督体制大体可分为立法型、行政型和司法型三类。由于经济、政治、文化、宗教信仰等各不相同，各国采用的财政监督制度类型有所差异，但均与本国国情相适应。立法型监督主要有英国、美国、加拿大、澳大利亚、新西兰等，其特征是独立性高、权威性强，立法机构掌管财政监督权，可有效避免政府行政部门干扰，不足是行政部门不能及时掌握有关财政信息，监督效率不高；司法型监督主要有法国、西班牙、德国、意大利、日本、希腊等，优点是监督主体将监督过程与司法程序联系起来，能够真正做到独立、公正与客观，缺点在于立法、行政部门无法及时掌握财政运行情况，影响监督力度；行政型监督主要有瑞典、瑞士等，优势是政府能直接掌握财政资金的运转情况并能及时解决发现的问题，缺陷是财政管理权与财政监督权合二为一，独立性差，财政透明度低。也有许多国家同时采用两种或两种以上的财政监督类型。如美国兼有立法监督和行政监督；法国兼有司法监督、行政监督和审计法院监督。财政监督制度的多元化已成为21 世纪财政监督发展的趋势之一。

2. 国内研究

国内学者针对财政监督属性的研究，提出"职能说"和"手段说"的观点。在财政监督主体方面，存在"一元论"和"多元论"之争。伴随着我国改革开放进程的推进，财政国家分配论逐渐被公共财政所取代。公共财政是为市场提供公共服务的财政，是人民群众的财政，其中，与市场经济体制相适应的财政制度是公共财政定义的根本出发点（张馨，2009）。公共财政具有满足公共需要、非营利性和收支行为规范化的三个特征（高培勇，2009）。基于公共财政体制框架的财政监督和反腐败研究成为众多学者关注的焦点。吴一平（2008）、周黎安和陶婧（2009）、罗也驰等（2015）、黄溶冰和赵谦（2015）、寇铁军等（2016）、魏志华等（2017）借鉴国外模型，从财政分权、财政支出以及财政透明度等视角对公共财政与腐败问题进行了实证研究。高培勇和于树一（2011）、马海涛（2009）、刘朔涛（2017）在梳理国外财政反腐经验的基础上，提出完善公共财政体系、加强财政法治、规范政府行为、实施腐败预算控制、建立反腐败财政支出激励机制以及提高对腐败的监督力度等财政反腐措施。

对财政廉洁高效的实施路径研究，重点探索了财政分权、财政监督、财政透明度及财政功能对腐败的影响。倪星等（2020）从中国333个地级市的廉洁感知指数和相关数据的分析得出，财政分权程度的提高会导致地区清廉水平的下降，警示国家在治理上要妥善处理财政集权与分权的关系。刘晓璐（2007）认为财政分权与经济增长相关性的研究，是新经济增长理论和新财政分权理论结合的产物，财政分权与经济增长之间的相关性在很大程度上依赖于政府间关系的制度设计，以及产生这样一套制度的具体国情。传统财政分权理论对于分权效果的乐观估计，已被证明是缺乏依据的，某些分权制度设计上的缺陷所造成的严重后果，如收入分配失衡和宏观经济不稳定，甚至会导致经济增长过程的中断。故财政分权对于经济增长的影响，应当上升到经济发展的层面上来进行判断。武丹（2016）认为，以单一经济增长为目标的财政体制机制已完成历史使命，1978年之前实行的复杂的，统收统支、高度集中的计划经济体制造成了激励不足、信息约束、调控失灵的后果。放松政府管制、引进市场因素、促进经济增长，就成为财政经济体制改革的必然选择，推动了中国经济的持续高速增长，不仅一举彻底摆脱了长期困扰中国的短缺问题，而且如今还出现了供给侧的结构性过剩。从财政监督角度出发，徐京平（2022）、石玉玲（2021）提出财政职能的转变。前者提出数字人民币赋能财政监督，从合规性走向功能性。后者指出合规性财政监督应将历史确定性视角转换为公共风险视角，将财政监督行为由事后纠偏转向事前预防，扩展重构财政监督过程，为国家治理体系和治理能力的现代化作出贡献。李慈强（2021）从公共财政视角出发提出，在共同构建"嵌入式"财政监督的基础上，重视和保护纳税人的财政监督权，并从政治化实施、社会化督促和司法化救济方面探索实现路径，实现公共财政理念。邓辉等（2022）提出构建规范、统一的财政监督法律体系，具体包括进一步明确各财政监督主体的职责权限；改进财政监督的协调合作机制；健全财政监督的措施、手段和程序；完善财政监督内部追责、外部问责机制。雷俊生（2021）提出应构建以审计监督为纽带、以财政监督为辅助的预算执行协同监督机制。陈金星

（2015）提出我国财政监督偏重对财政工作的合规性监督，各级政府预算绩效评估能力较弱，构建的指标不规范、体系不统一，数据缺乏连续性和可对比性。财政绩效评估能力不足不利于实践界和理论界对财政政策进行有效性研究，不利于我国财政民主化和公共财政建设。贾康（2007）认为，财政监督有其必要性、重要性且面临着严峻的挑战，财政监督转变要综合考虑严密化、规范化与合理化等绩效导向，要注重财政监督机制的建立，要以人本主义、物质利益原则和实事求是的态度做好财政监督工作。马海涛（2009）分析了财政改革与财政监督的关系，提出公共财政改革对财政监督提出新的要求：增强财政监督的法治性、加强财政绩效监督、财政监督贯穿于财政管理的全过程以及财政监督服务于民生财政。白彦峰（2011）认为，在"一带一路"倡议和"大国财政"全面实施背景下，我国财政资金规模日益增长，全面加强财政支出绩效考评、不断提高财政资金支出效益，赋予了财政监督工作新的含义；同时，国有资产境外投资力度不断加大。但是，其中的财政风险也在不断加大，为保证我国财政安全，有效的财政监督必不可少。通过加强和改进财政监督，将有助于从源头上预防腐败，真正发挥好财政资金的引领作用。张明（2017）回顾了党的十八大以来的财政监督，他认为，在近期，财政监督面临的问题包括服务《中华人民共和国预算法》的相关业务改革和国务院《关于深化预算管理制度改革的决定》的具体措施，实现依法理财和依法监督，以及保障实现党的十八大提出的经济社会发展近期目标任务。远期展望，主要是财政监督服务于党的十八大提出的"公开透明、监督制约权力"的国家治理长期目标。从财政透明度角度，孙琳和方爱丽（2013）认为，政府会计权责发生制核算基础改革初期，因核算基础改变，将此前潜在的风险和问题显性化，导致政府治理水平在短期内呈现下降的状态，但从较长的发展周期来看，以权责发生制核算基础为主要内容的政府会计改革对政府治理改善具有积极影响。这为我国转型阶段的政治体制改革提供了更为坚定的支撑，即更大力度地打击官员腐败行为，通过政府会计制度核算基础改革，缓解信息不对称，提升财政透明度，改善政府治理。魏志华和林亚清（2017）认为，财政透明无疑为防止财政资金浪费和腐败提供了一种制度性保障，政府透明度的缺失会恶化政府和公民之间的委托－代理问题，滋生腐败和寻租现象。而财政透明有助于保障公众对政府财政的知情权、参与权和监督权，促进财政决策的公开、公平、公正，从而优化政府运行效率。肖鹏等（2015）实证发现，财政透明度缺失会导致地方政府运用债务资金进行过度投资，而提高财政透明度则能够显著降低政府性债务规模。李丹和裴育（2016）认为，随着财政透明度改革的不断推进，在公众与政府之间，财政透明度可以有效缓解双方信息不对称的问题，政府行为将接受公众监督。在财政预算方面，公众会更加主动地参与预算资金分配，评估财政资金效率。在这种情况下，财政透明度将大幅减少政府通过信息不对称谋取私利的可能，也将减少财政资金的浪费，同时有效提高财政资金使用效率，改善经济绩效。李景涛和陈志斌（2015）对中国35个典型城市构建面板数据进行了研究，实证检验财政透明、晋升激励对公共服务满意度的影响。他们认为，现阶段我国应积极推进政府会计改革，完善地方政府财政信息公开机制，推动财政透明对公共服务的影响效应由"悲观"变为"乐观"；同时，优化地方官员晋升激励机制，将社会性公共服务纳入官员考核指标体系，以正确引导和激励地方政府践行公共服务责任。另外，周长城（2022）提出要提升特定类型的公共服务满意度以提升公众对政府清廉水平的主观评价，从而提升公众对政府的信任并增强公众对财政金融政策有效性的预期。毛志方（2019）从政府清廉、财政政策与经济增长的关系出发，提出政府廉洁状况的改善有助于财政政策有效性的提高，也有利于经济扩张区间的相对延长，最终促进经济增长。

随着大数据时代的来临，学者对数字财政有了深入研究。从内涵的角度，谢易和（2021）深入探讨数字化、财政数字化转型内涵，研究数字财政的理论模型和规范，统筹数字财政建设与财政改革，全面增强财政的安全性、效率性和公平性，强化服务大局、引领经济社会健康发展的能力，更好地发挥财政作为国家治理的基础和重要支柱作用。赵斌等（2020）从理论理念、责任主体和权责利关系、核心要素、统筹协调性四个方面分析了财政数字化的制约因素，并提出了相关建议。从大数据财政特征角度，杨建强和任卫德（2007）介绍了信息资源管理基础标准的概念和内容，提出了数据标准化体系并论述了其重要意义。他们认为，必须首先按照五项 IRM 基础标准建立数据标准化体系并在信息系统开发和运行的全过程中贯彻执行。这是落实信息化建设的"统一标准"原则，从根本上解决"信息孤岛"问题，真正实现信息资源共享的保障。赵术高和李珍（2015）认为，业务流程优化再造与信息化是建设现代财政制度的基本保障。科学合理、精准及时的流程再造极大地拓展了财政管理的深度和广度，业务的纵深发展导致管理信息几何级增长，而大数据运用又将反过来推动管理流程不断优化，进而推动财政管理向更深更广的维度发展。信息化大数据既是挑战，也是机遇。连家明（2017）认为，利用财政大数据云平台，实现财政部门内部各个处室之间的信息系统、上下级财政部门之间、财政收入机构与征缴对象之间、财政支出机构与预算单位之间信息系统的互联互通，从而实现财政预算编制、预算执行、监督管理、绩效评价、决算编审的预算管理全部流程优化再造。建立真正能够支撑政府决策、提升财政管理的财政业务新流程，实现财政的业务流、资金流和数据流的统一。毕瑞祥（2017）分析了财政信息化的发展阶段，提出了大财政系统的定义，总结了大财政系统的特点，如基于财政大数据、实现完整的内部控制、融合 IT 治理等；分析了大财政系统的主要价值，如支持财政业务实时监控、支持地方政府债务穿透式监控、提升财政治理能力、实现绩效管理智能化、优化财政资金产业扶持政策等；阐述了建设大财政系统的策略，如进行大财政系统顶层设计、建立财政大数据标准、建立财政首席信息官制度等。通过大财政系统的实施，促使财政在改革发展大潮中主动作为、实现更大作为。从大数据财政的价值角度，胡扬（2018）认为，大数据时代的到来给财政监督工作的开展带来了前所未有的机遇，财政监督信息化建设成为推动财政工作发展的重要力量。但现阶段财政监督信息化建设还面临着许多亟待解决的问题，财政监督业务还未真正融合到"金财工程"中，财政数据还未真正达成共享，且缺乏懂技术又精通财政的复合型人才，财政监督软硬件设施、配套制度未能及时跟进，因此，需要结合云计算和大数据的技术优势，进一步促进财政监督的信息化发展，完善财政监督机制，转变财政监督方式，提升财政监督效能。任涛鹏（2017）认为，随着时代的发展以及互联网技术的运用，财政管理趋于规范化和智能化，大数据的运用可以极大地提高预算监督绩效以及绩效预算的精准性，并对预算监督理念、综合绩效预算乃至国家治理现代化产生积极影响。从大数据时代我国财政信息共享模式角度，王志刚（2020）探索了数字财政在助推国家治理现代化上应处理好政府之间、财政大数据建设与数据安全隐私保护之间、数据所有权和使用权之间、共性或标准化与个性或差异化之间、财政业务基础与信息技术之间、数字财政建设与经济发展技术进步以及政府治理水平和所处阶段之间的关系。连家明（2017）认为，利用财政大数据云平台，实现财政部门内部各个处室之间的信息系统、上下级财政部门之间、财政收入机构与征缴对象之间、财政支出机构与预算单位之间信息系统的互联互通，从而实现财政预算编制、预算执行、监督管理、绩效评价、决算编审的预算管理全部流程优化再造。建立真正能够支撑政府决策、提升财政管理的财政业务新流程，实现财政的业务流、资金流和数据流的统一。裴文华和成维一（2017）以财政审计数据分析为着眼点，结合审计实践，首先，阐述了财政审计数据关联分析中的三种分析思路和模式，即以财政资金为核心、以企业为核心和以人员为核心探讨大数据背景下财政审计数据分析的思路和方法；其次，从数据共享、数据标准化、数据多样性和审计人员自身能力等方面探讨了当前数据分析中的难点；最后，要做好大数据环境下的财政审计，先要树立大数据环境下数据分析的意识，提前做好审计数据分析规划，集中解决财政审计中的难点问题，同时要不断提升审计人员数据分析能力，通过大数据的关联分析促进财政审计效率的提升。从大数据财政的对策建议角度，马洪范（2017）认为大数据是现代信息技术的最新发展与应用，是提高财政治理能力、推动财政制度现代化的重要利器，为破解财政治理的绩效难题提供了坚实的信息及技术基础。从根本上讲，大数据所能发挥的作用与效益，取决于人类利用的方式和程度（即制度）。运用"制度＋大数据"，通过完善财政信息管理、走向财政透明与公开、强化激励与监督以及构建财政大数据中心，统筹信息、流程与人三大财政治理要素，实现财政治理体系与治理能力现代化的客观选择。唐长乐和王春迎

（2017）分析了政务云数据中心、政府数据交换共享平台、政府数据开放平台和政府数据整合服务平台，并在这一大中心三大平台的基础上，从政务数据的储存、共享、开放和服务的集成管理出发，提出构建一个基于政务云数据中心的政府数据开放共享服务集成平台的设想，从而实现政务数据生命周期的全过程管理。刘尚希、孙静和王亚军（2015）认为，信息社会背景下，大数据思维模式将推动税收管理方式转型。大数据下的税收征管模式注重数据来源的广杂性，不追求精确性，涉税信息需要汇集实时数据和共享数据，及时监控税源变化，防范风险。要求税务机关在建立健全涉税信息数据库的基础上，探索机器学习算法，有效识别并遴选出疑点纳税人。

3. 研究小结

综上所述，国内外学者对如何构建完善有效的财政监督体系进行了深入研究，并从多个视角实证检验，取得了丰硕成果，为本书后续深入研究奠定坚实基础。然而运用大数据云计算平台创建财政支出清廉模式及路径的研究还处于探索阶段，尚缺乏相应理论基础、内在动因、指标体系与路径，更未形成一整套成熟的操作体系。本书通过文献研究、实地调查、归纳演绎和大数据分析财政支出腐败的机理与行为特征，创新性地构建在"大智移云"环境下财政支出清廉模式，探索从技术上实现精准预防和实时预警腐败行为，实现透明财政支出；通过大数据全景视角评价各级政府及干部的清正廉洁，实现全面规范、公开透明的财政预算管理制度，形成一套政府官员"不敢腐、不能腐、不想腐"的长效机制。

第二节 理论基础

1. 财政职能理论与财政廉洁高效

财政，即为国家对资财的收入、支出、管理、分配等的经济活动，是属于政府的经济行为。财政职能可定义为政府经济职能的体现，指财政作为国家政府分配社会产品、调节经济活动的重要手段所具有的职责和功能，政府职能的行使都必须借助于财政职能的履行才能完成。在市场经济国家中，财政的基本模式是公共财政。公共财政的政府财政职能主要有三项：资源配置职能（the function of resources allocation）、分配职能（the function of income distribution）、经济稳定和发展职能（the function of economic stabilization and development）。

（1）财政的统筹职能——资源配置。资源配置就是将各种资源分配于不同的使用方向，从而形成一定的资产结构、产业结构、技术结构和地区结构，以提高资源利用效率的过程。资源优化配置即通过编制科学、合理的国家预算，将资源有效整合、规划，"创新财政支出方式，盘活财政资金存量"，有效协调和优化地区、部门的资源配置，使社会各种资源始终处于一种最优组合状态，产生最大的社会经济效益。在市场经济体制下，经济社会资源的配置有两种方式来实现，即市场机制和政府机制。其中，市场机制在资源配置中起基础性作用，在没有政府介入的情况下，市场会通过价格与产量的均衡，自发地形成一种资源配置状态。但由于存在着公共品、垄断、信息不对称、经济活动的外在性等情况，仅依靠市场机制并不能实现资源配置的最优化，还需要政府在市场失灵领域发挥资源配置作用。财政的资源配置职能是由政府介入或干预资源的配置所产生的，它的特点和作用就是通过财政本身的收支活动为政府提供公共产品筹集与供给经费和资金，在一定程度上纠正外部效应，引导资源的流向，弥补市场的失效，最终达到全社会资源配置的最优效率状态。

财政进行资源配置的范围是由国家的经济职能和财政自身的特点、能力所决定的。具体而言，市场经济中财政配置资源的范围应当包括：

保证国家履行行政、国防、外交、治安、发展文化教育、基础科技、尖端科技、社会稳定（救灾、救济、抚恤、对落后地区补助）等职能的支出。

基础设施建设。财政集中资金兴建公路、桥梁、码头、机场、铁路、大型水利工程、城市公用设施等。

基础工业。部分基础工业因投资多、周期长、风险大，市场调节不力，尤其在发展的初始阶段需政府出资。

社会公益性事业。博物馆、文化馆、展览馆、艺术馆、社会福利院等的建设和运作，仅靠市场调节往往不能满足社会的需要，或不符合社会发展的要求，需政府介入。此外，财政还能以财政资金的配置或财政杠杆的运用，来影响由其他社会资金根据市场调节形成的配置格局。

财政配置资源的合理范围不是一成不变的，财政配置资源的范围受市场机制的完善状况的制约。市场发育状况越好，筹资机制越健全，微观经济主体的独立性越强，公民收入水平越高，财政直接进行资源配置的范围相对越小。尤其是基础工业投资、部分社会公益投资、文化教育等项目可以转向市场调节。但这种变化并不一定是单方向的，往往是在减少一些项目的同时，因市场经济发展而产生新的对政府直接投资的需要，如环境保护和改善方面的支出。此外，即使是实行相同经济体制的国家，因其生产力发展所处的阶段、采取的经济发展战略以及其他方面的国情存在差异，财政直接配置资源的范围也会有所差别。如处于经济发展起飞阶段的国家，基础设施和基础工业建设的任务繁重，尤其是实行重化工业—加工工业—高科技产业发展战略的国家或地区，国家投资额巨大，而以旅游、金融、加工工业为支柱产业的国家或地区，尤其是可以利用天时地利等条件吸引大量外资，甚至可以依赖其他条件得以发展的国家和地区，国家直接投资相对较少。

从财政配置的机制和手段上看，主要有：

①实现资源在政府和私人部门之间的合理配置。从社会总资源配置的角度看，政府和私人部门各应获得合理的份额。一方面能保证满足政府提供公共产品的需要，另一方面又能保证私人部门顺利发展的需要，从而实现社会总资源配置的均衡。这就要根据市场经济条件下的政府职能确定财政职能的合理范围，进而确定财政参与国民收入分配的适当比例。

②优化财政支出结构。财政支出结构即财政资源内部的配置比例。主要包括生产性和非生产性支出比例、购买性支出和转移性支出的比例。前一个比例表明资本品和消费品的配置结构，而购买性支出的比例

则表明财政配置功能的大小。这两个比例的恰当与否，直接决定了财政资源内部的配置是否合理。

③合理安排政府投资的规模、结构。政府投资规模主要指政府投资在社会总投资中所占的比重，它表明政府对社会总投资的调节力度，而政府投资结构如何则会直接影响国家产业结构的调整。

④合理运用财政收支政策，间接调节社会投资方向。政府投资、税收、公债、补贴等财政手段在一定程度上能够引导社会资源在不同地区和不同部门之间的流动，对市场机制配置资源起到指导、修正和补充的作用，从而有助于提高社会总体的资源配置效率。

⑤提高财政配置资源的效率。财政配置资源的目标是使社会总资源得到最有效的利用，所以，财政的资源配置也必须讲究效率。比如，通过对投资进行成本效益分析，对非生产性支出进行成本效果分析，判明其所费资源和所获社会经济效益的对比关系，以此作为决定是否安排某项支出、安排顺序和安排多少数量的依据，以最大限度地做到用最少的财政支出取得最大的社会经济效益。再如，由于公共产品的提供是通过个人交税和政府征税的方式实现的，所以，应对税收进行征收成本与税收收入的比较考核，争取不断提高财政配置资源的效率。

（2）财政的社会职能——公平分配。收入分配通常是指一定时期内所创造的国民收入在国家、企业和个人等多种经济主体之间的分割，以及由此形成的收入流量的分配格局和存量的财产分配格局。公平分配包括经济公平和社会公平两个方面。其中，经济公平是要求各经济主体获取收入的机会均等，等质等量的要素投入应获得等量的收入，社会公平则要求将收入差距维持在一定阶段上社会各阶层所能接受的合理范围内。在市场经济条件下，收入分配首先是受市场机制调节，收入按照投入要素的数量、质量、市场价格进行分配，要素收入与要素投入相对称，所以，市场机制调节收入的结果可以较好地体现经济公平。但是，社会公平却难以通过市场机制予以完全实现。因为个人拥有原始生产要素的多少不同以及个人禀赋、努力程度的不同，市场机制分配的结果可能会造成富者越富、贫者越贫的结果，即在市场经济中通常不存在以社会公平为目标的再分配机制，一些无劳动能力又无其他要素可以提供的人，就无法通过市场取得收入，以维持生存。所以，政府的介入是必然的，而财政的收入分配职能就是要求财政运用多种方式，参与国民收入的分配和调节，以期达到收入分配的经济公平和社会公平。依据公平与效率的原则，如果一味地追求社会公平必然会造成效率的损失，情况严重的会影响生产积极性，阻碍社会经济的发展；如果财政不对市场分配格局进行调节，贫富差距悬殊的分配结果又会造成社会秩序的紊乱，反过来影响市场效率的发挥。因此，在发挥财政的收入分配职能时，应当兼顾公平与效率之间的均衡，在不损失或尽量少损失效率的前提下，通过财政的再分配政策，以最大限度地实现社会公平的目标。

财政进行收入分配的逻辑前提之一是首先划清市场分配与财政分配的原则界限。在市场经济中，市场可以形成较为合理的企业职工工资、租金收入、利息收入、股息红利收入、企业利润等，使之符合经济公平，所以财政原则上不应直接介入这些要素价格的形成（稀缺资源的垄断性收入除外）。同时，在此前提下，财政进行收入分配和调节的范围和主要方式是：

①主要运用政府税收调节企业收入和个人收入，使之符合社会公平。税收是调节收入分配的主要手段：通过间接税调节各类商品的相对价格，从而调节各经济主体的要素分配；通过企业所得税调节公司的利润水平；通过个人所得税调节个人的劳动收入和非劳动收入，使之维持在一个合理的差距范围内；通过资源税调节由于资源条件和地理条件而形成的级差收入；通过遗产税、赠与税调节个人财产分布；通过消费税调节个人的实际收入水平；等等。

②国家作为全民资产的所有者代表，应遵循市场原则，依据财产权利，以股息、红利、利息、上缴利润等形式取得所有权收入，而不应随心所欲。

③规范工资制度。这里是指由国家预算拨款的公务员的工资制度以及相似的事业单位职工的工资制度。凡应纳入工资范围的收入都应纳入工资总额，取消各种明补和暗补，提高工资的透明度；实现个人消费品的商品化，取消变相的实物工资；适当提高工资水平，建立以工资收入为主、工资外收入为辅的收入制度。在规定公务员和事业单位人员的工

资构成、等级、增长等制度时，要使之与企业职工工资形成较合理的比例，从而符合经济公平。

④保证因无劳动能力和其他要素而无收入或收入甚少者的最基本生活需要。通过转移性支出，如社会保障支出、救济支出、补贴等，使每个社会成员得以维持起码的生活水平和福利水平。

⑤在社会范围内组织强制保险，解决企业和个人无力解决的收入调剂问题。

总之，要"完善以税收、社会保障、转移支付等为主要手段的再分配调节机制，维护社会公平正义"。

（3）财政的经济职能——经济稳定发展。经济的稳定和发展都是政府希望实现的目标，所以，也必然构成财政的重要职能之一，即财政作为政府重要的宏观调控手段之一，要通过多种财政手段，有意识地影响和调控经济，以实现经济的稳定发展。概括来说，财政实现该职能的机制和手段主要有：

①运用各种收支手段，逆经济风向调节，促进社会总供求的平衡。经济稳定的目标集中体现为社会总供给和社会总需求的大体平衡。如果社会总供求保持了平衡，物价水平就是基本稳定的，经济增长率也是适度的，此时充分就业和国际收支平衡也是不难实现的。财政政策是维系总供求大体平衡的重要手段。当总需求超过总供给时，财政可以实行紧缩政策，减少支出或增加税收或两者并举。一旦出现总需求小于总供给的情况，财政可以实行适度放松政策，增加支出或减少税收或两者同时并举，由此扩大总需求。在这个过程中，财政收支发生不平衡不仅是可能的，而且是允许的。针对不断变化的经济形势而灵活地变动支出和税收，被称为"相机抉择"的财政政策。

②运用财政收支活动中的制度性因素，对经济发挥"自动"稳定的作用。例如，通过制定累进所得税制度，当经济过热、投资增加、国民收入增加时，累进所得税会自动随之增加，从而可以适当压缩人们的购买能力，防止发生通货膨胀。当经济衰退、投资减少、国民收入下降时，累进所得税又会自动随之递减，从而防止因总需求过度缩减而导致的经济萧条。再如，制定完备的失业救济金制度，由于其规定了领取失

业救济金的收入标准，当人们的收入因经济过热而普遍增加时，可领取失业救济金的人数自然减少，救济金支出随之减少，从而财政总支出"自动"得到压缩；反之，当人们的收入因经济不景气而普遍下降时，有资格领取失业救济金的人数自然增加，救济金支出随之增加，从而财政总支出"自动"获得增加。总之，通过财政的某些制度性安排，可以自动适应经济周期的变化，减小波动幅度。从原则上说，凡是已规定了的，当经济现象达到某一标准就必须安排的收入和支出，均具有一定的"自动稳定"作用。只是这种"自动稳定"机制的作用大小要受制于各国实际的收支制度的具体规定。

③通过合理安排财政收支结构，促进经济结构的优化。例如，通过投资、补贴和税收等多方面安排，加快农业、能源、交通运输、邮电通信等公共设施的发展，突破经济增长中的瓶颈，并支持第三产业的兴起，加快产业结构的转换，保证国民经济稳定与高速发展的最优结合。

④财政应切实保证前面提到的那些非生产性的社会公共需要，为经济和社会发展提供和平和安定的环境。提高治理污染、保护生态环境以及文教、卫生支出的增长速度，同时完善社会福利和社会保障制度，使增长与发展相互促进、相互协调，避免出现某些发展中国家曾经出现的"有增长而无发展"或"没有发展的增长"的现象。

2. 公共财政理论与财政廉洁高效

公共财政是市场经济下的政府财政，市场经济的产生与发展的过程也是公共财政发展与成熟的过程。由于存在市场失灵的状态，必须靠市场以外的力量来弥补由于市场失灵所带来的无人提供满足公共需求的公共产品的空白，这个市场以外的力量就是政府的力量。公共财政是国家提供公共产品的政府分配行为，是与市场经济相适应的财政模式。

（1）国外公共财政理论的发展历程。1776 年，英国著名经济学家亚当·斯密所著《国富论》的出版标志着公共财政理论的诞生。亚当·斯密崇尚经济自由主义，他认为市场能够有效配置资源，供求双方在市场竞争的环境中各自理性地追求自身的利益，可以带来整个经济的高效率发展。他对国家的作用和政府的动机表示极大的怀疑，在其

"自私的动机、私有的企业、竞争的市场"这个自由制度的三要素基础上，他规定了国家的三个任务：提高分工程度、增加资本数量、改善资本用途。斯密认为应该缩小政府干预市场的范围并提出"最好的财政计划是节支，最好的赋税制度是税额最小"等观点。

20世纪30年代的世界经济危机导致了西方经济学说的一次重大转变，即占统治地位100多年的斯密自由市场经营论为中心的经济自由主义学说让位于凯恩斯的经济干预主义，政府必须干预经济的观点逐步获得了人们的共识，财政学也因此在资产阶级经济学体系中占据了显赫的位置。他认为市场本身存在缺点，只有扩大政府机能才能改正市场缺点，以保持市场经济的正常运转。如果政府不加干预就等于听任有效需求不足的继续存在，就等于听任失业与经济危机的继续存在，通过财政支出直接就可以形成社会有效需求，弥补自由市场的有效需求不足。

然而，随着经济发展，政府干预经济在实践中也开始暴露出自身的缺陷。20世纪70年代，西方出现了"滞胀"局面。以米尔顿·弗里德曼为代表的一批经济学家借此发动了一场对凯恩斯主义的"反革命"，其中，主要有货币主义、供给学派和理性预期学派。他们首先责难国家对经济活动的大规模干预，认为正是国家干预窒息了市场经济的活力，造成了20世纪70年代的"滞胀"局面。"财政最重要"的政策主张也受到攻击，代之以"货币最重要"的政策结论。当人们围绕着凯恩斯理论无休止地争议时，以詹姆斯·麦吉尔·布坎南和戈登·图洛克为首的一批经济学家在财政学的一个重要领域中取得了重大的理论进展。他们将财政作为公共部门经济，并从市场失灵理论角度集中研究社会公共需要及满足这一需要的产品——公共物品问题。自由市场制度是建立在交换的等价原则之上的，只有那些具有排斥性质的可交换的财产权利的私人产品才能进行市场交易。而公共产品不具有这些性质，所以公共产品的交换行为难以产生，消费者与供给者之间的联系由此中断，虽然存在市场需求，但却没有市场供给，这时政府应予以介入，提供这种产品，弥补市场的局限性。

自由主义与国家干预政策的此消彼长的过程也是公共财政职能不断调整和完善的过程。当代西方公共财政理论认为社会经济的运行应当以市场调节为主，只有在由于公共产品供给不足、外部性、经济周期性波动、收入分配不公、垄断、信息不对称等缺陷造成市场难以调节或者调节不好的领域才需要政府进行适应性调节，对市场进行干预，而公共财政则是支持政府行使这些职能的主要手段。

（2）国内公共财政的理论探索。20世纪90年代末，全国财政工作会议作出重要决定：构建中国的公共财政基本框架。我国公共财政理论的发展随着经济发展的变化而变化，它的改革进程主要经历了两个阶段。第一阶段：1978～1992年，从改革开始一直到社会主义市场经济体制基本框架建立起来之前，是我国从计划向市场转轨一个比较长的量变积累期。第二阶段：20世纪90年代中期至今。财政通过自身改革建立适应市场经济体制要求的财政体制框架，逐渐将财政公共化的目标定位于弥补市场失灵，同时在这一过程中以增量拓展和存量的结构性调整继续完成传统职能的退出和对改革进程的驾驭。但是随着市场经济制度不断改革，政府这只有形的手不能简单地用于弥补市场失灵，而应提高市场自我调节的能力，让有形之手和无形之手相辅相成，共同促进市场经济持续发展。

在公共财政理论的内涵上，我国学者有以下三种观点。第一种观点认为，所谓公共财政，就是市场财政，指的是国家或政府为市场提供公共服务的分配活动或经济活动，它是与市场经济相适应的一种财政类型或模式。市场经济下的政府财政，其实质就是市场经济财政，简称市场财政。公共财政理论，或称公共财政学，实际上就是市场财政学。公共财政包括以下两个基本要求：第一，它是具有"公共"性质的国家财政或政府财政，而财政的"公共性"的具体体现就是为市场提供"公共服务"；第二，它是财政的一种类型或模式。第二种观点认为，所谓公共财政，就是政府为实现其职能对市场提供公共服务的与预算有关的经济行为。其要点在于：一是明确公共财政是以政府（国家）为主体；二是明确公共财政的内容是为市场提供公共服务的、与预算有关的经济行为；三是公共财政的目的是实现政府的职能。第三种观点认为，所谓公共财政是指为市场或私人部门提供公共服务或公共商品的政府财政，它是市场经济条件下政府财政的基本选择与必然要求，是与市场经济相适应的财政模式或类型。它仅存在于市场经济环境中。

所谓公共财政，简而言之，就是以满足社会公共需要为主旨而进行的政府收支活动或财政运行机制模式。它是与市场经济特点和发展要求相适应的一种财政类型。这种公共财政运行机制或财政类型，主要具有以下典型特征：

一是财政运行目标的公共性，即把满足社会公共需要作为组织国家财政活动的主要目标或基本出发点。这是现代市场经济条件下财政运行的基本取向，也是国家财政活动应遵循的基本边界或指导性原则。因为我国社会主义市场经济是由多元化市场主体、经济实体，或者说是由多元化投资者、生产经营者和消费者组成的竞争性社会，政府包括国家财政的一项基本职责，就是面向全社会并为其提供公共产品和公共服务，以便为全国不同地区、多种经济成分、多元市场主体和经济实体提供必要的社会投资及生产经营的公共性基础条件，以及公平竞争的市场环境和有序的市场经济秩序，从而推动国民经济持续稳定健康发展。国家还应通过收入分配的调节或再分配，通过社会福利和社会保障制度的建立健全，为促进全社会的公共分配、为社会公众福利的增进和生活水平的提高而履行应有的职责并发挥积极的作用。

二是财政收支活动的公共性。计划经济体制下的财政收入模式或财政收入来源，是以国有企业的利润上缴为主体的，涉及的社会面有限，广大的城乡居民几乎与国家财政收入特别是与税收无缘。而社会主义市场经济条件下的财政收入，则主要来源于社会经济生活中市场主体、法人实体和城乡居民依法缴纳的各种税赋，从而使我国的财政收入来源同过去相比较，具有更大的广泛性和公共性。因此，国家坚持"取之于民，用之于民"的原则，是符合经济社会发展规律的。与此相关联，国家财政支出的安排，也就主要集中于国家政权机构的运转、社会公共基础设施建设、国防和科教文卫发展需要、生态环境的保护与治理，以及社会福利和社会保障制度建设等社会公共需要或公共性支出方面。而且，在一定的经济发展阶段或发展时期，还应把满足这些公共支出需要的适应性程度或水平作为组织国家财政收支活动的重要边界，以及衡量财政收支规模适当与否的一个重要标志。

三是财政行为的规范性和法制性。财政是国家职能的重要体现，是国家政权的物质或财力基础。从本质上讲，财政职能是国家职能，是由政府的事权范围决定的。而在现代市场经济条件下，政府的各项事权则往往是通过立法程序来规定，通过相关的法律来加以明确界定的。因此，由国家职能特别是政府事权所决定的财政行为或财政活动，往往也具有法制性、规范性和公共性的特点。

另外，公共财政除了具有以上三个典型特征外，还应具有弥补市场失灵的作用，是非市场营利性的财政的特征。

3. 数字财政理论与财政廉洁高效

随着数字技术的蓬勃发展，在数字革命的推动下，现代人类文明发展已经进入了数字文明的新阶段。财政作为国家治理的基础和重要支柱，在应对数字化浪潮冲击时，通过数字化为财政治理现代化赋能是数字财政的核心发展方向。数字财政，是以财政大数据为核心资源和关键要素，以提高资源配置效率和更好满足公共需要为目标，借助数字技术等现代信息技术，促进大数据和财政的深度融合，实现以数据采集、整合和分析为基础，以平台化、公开化、共享化、智能化、网络化为运行方式的财政收支及其治理、财政政策制定和评估活动，进而实现财政运行方式、组织方式和管理方式的整体性转变和革命性重塑。

（1）数字财政功能——助力国家治理能力现代化。国家治理现代化是现代政府顺应信息技术发展潮流、提升治理水平和治理能力的关键举措。财政作为国家治理基础和重要支柱，其数字化转型的本质便是更好地服务于国家治理体系和治理能力的现代化。因此，数字财政要始终围绕提升财政满足公共需要的质量和效率而展开，始终坚持以人民为中心推进国家治理体系和治理能力现代化的治理观。

①数字财政盈余强化政府公共服务职能。财政工作是综合性业务，财政收支、国有资产管理以及政府数字化管理所带来的财政部门对政府各部门、各层级数据的汇总和分析，产生了其他部门所不能比拟的数据集聚效应，以此"数据仓库"为基础建立的数字财政，将是政府"数据财政"的重要资源。因此，地方政府依靠激活、运营大数据的价值，

通过促进大数据与各行业领域深度融合、实现经济快速增长来创造或提升财政收入。方式如下：

其一，数字财政有助于拓宽政府收入来源，提高税收遵从度，有效减少偷逃税现象，通过提高征税效率增加税收。例如，南非、印度等发展中国家借助地理信息系统对土地、房屋等财产征税，带来财产税收的显著增加；巴西、墨西哥等国家借助大数据分析，识别税收欺诈或偷逃税行为；借助电子发票或区块链发票减少不开票经济活动、打击发票造假、提高税收收入。数字财政可以开辟政府收入新途径。例如，政府依靠自身掌握数据所直接带来的"市场租金"收入以及间接的税收收入、企业开发软件访问政府数据所支付的费用以及这类企业经营所缴纳的税收。另外，针对数据交易的征税——比特税即对网上信息按其流量（比特量）征税，不仅是对网上数字化产品的交易和网络服务要征税，而且对所有的数据交易都要征税。其中主要涉及两类税收：对用户在虚拟货币交易中获得的收益（资本收益）征收的所得税，以及对以虚拟货币购买商品/服务（如使用比特币买东西）缴纳的消费税。欧盟已就针对数字业务单独征税展开讨论和论证，英国政府宣布于2020年4月1日起对搜索和广告等数字服务收入征税2%。数字资产是数字经济的轴心，长期来看，像土地等资产一样，"数据"应作为资产，纳入政府的资产负债表中。①

其二，数字财政有助于节约成本，减少资金漏损，提升公共支出的精准度。数字技术可以优化财政支出业务流程，从线下到线上就可以节约大量的纸张成本，通过线上运行，可以把财政资金运行纳入管理的笼子中，提高资金运行的透明度及效率，降低人为因素带来的各种资金成本。数字化还节约了大量的时间成本，可以让财政部门有更多时间用于其他重要的决策。数字财政需要一批精干的、懂业务会技术的综合人才，一些日常性的管理工作完全可以实现人工智能化，降低了政府的雇佣成本。另外，数字财政为转移支付资金分配提供了量化支撑，能更好地贯彻客观因素法分配理念，显著提升资金分配的科学性、针对性，推

① 2023年8月21日，财政部对外发布《企业数据资源相关会计处理暂行规定》，明确数据资源入表，于2024年1月1日起施行。

进阳光化和精准化。例如，政府采购是财政支出的最主要渠道之一，有研究指出，建立在电子采购系统、财政公开网站和区块链网络智能合约基础之上的政府采购体系，通过竞标节约了采购成本，全程公开透明减少了采购过程中的腐败问题，智能合约确保了交易的真实、可溯源、不可撤销和公开透明。

②数字财政提高国家治理能力效率。数字财政是国家治理能力提升的有力推手。数字财政立足政府层面，加强对资金使用的控制，包括从上级到下级的纵向控制，从财政到非财政的横向控制，通过大数据等技术建立全流程在线审查的一站式闭环监管，实现对财政预算的全过程、全口径的智能化监督与风险预警。第一，数字财政可以提高各级政府财政资金全面覆盖，定期盘活。强大的大数据系统可以帮助各级财政部门建立定期盘活清理存量资金制度，让更多沉睡的财政资金能够用于地方重点领域和民生支出，避免形成"二次沉淀"。将盘活存量资金工作常态化，于每年年度执行，年底定期对一般公共预算、政府性基金预算、转移支付和市级各预算部门等结转结余资金进行集中清理，全面摸清财政存量资金情况，分门别类提出处理方案，切实做到"单位全覆盖、资金全覆盖"。第二，数字财政便于财政部门对财政资金动态跟踪，及时通报。建立财政存量资金定期通报机制，各级财政部门加强对下级盘活财政存量资金工作的监督指导。每月初对各级财政存量资金进行统计汇总，跟踪全市财政存量资金情况，及时对盘活财政存量资金不力的市、区、县等进行督促；对于预算执行支出进度较慢的市直部门进行督促。同时，将预算执行情况纳入次年部门综合考核内容，进一步督促加快预算支出进度。第三，数字财政有利于财政部门加强统筹，标本兼治。建立健全财政存量资金与预算安排统筹结合机制，加强资金的清理整合、统筹使用。除当年下达的上级转移支付资金可按规定结转下年按原用途继续使用外，其他结转结余资金原则上按规定收回财政统筹使用，不再结转下年。资金收回的项目下一年度确需继续实施，应作为新的预算项目管理，按照预算管理程序重新申请和安排。持续推进预算执行情况和下年度预算安排挂钩机制，对执行进度未达到一定比例的地方财政专项资金，原则上按比例扣减下年度预算安排，以达到有效利用财

政资金的目的。

数字财政立足国家治理层面而言，基于财政大数据的宏观分析研究，如分析税收结构变化以了解产业结构态势，分析财政支出结构变化以探究社会结构变化，分析债务变化以掌握财政金融风险等特点，为政府管理、宏观战略实施和经济社会高质量发展提供及时、准确、全面的财政支撑和保障。又如，数字财政的大数据属性有助于解决信息不完全和不对称问题、优化政府对市场垄断的监管，数字财政借助市场机制等手段实现新型公私合作机制，提高公共产品和服务供给的质量和效率，借助生物识别、数字支付等途径精准化财政补助、税收等调节收入分配的手段，如借助个人画像或企业画像使得一些财税优惠政策效果更加有效，降低了资金误配的概率。此外，财政数字化转型能提高政府决策的科学性、有效性，让权力运行阳光化以减少寻租行为，数字财政的大数据属性丰富了政府获取和提供各类信息的手段，促进了政务智能化。

（2）数字财政推进建议——稳、准、狠。

①夯实数字财政理论研究，建设财政数字化新形态。数字财政理论研究需在财政学理论基础之上融会贯通以大数据、人工智能、区块链等为代表的信息技术理论，不仅满足理论体系自身的逻辑自洽性和可演进性，而且需贴近实际并能指导数字财政实践工作。因此，需要树立对数字财政、财政数字化转型的正确认识，全面系统地理解数字财政内涵与外延，数字财政建设的地位、作用、任务和目标，摒弃将数字财政建设视为技术手段的单一思维，避免走单一、重复的建设老路。另外，加强和深化对数字财政、财政数字化转型规律的规范研究，找到并制定科学的方法，使数字化技术与财政发展改革有机融合与统一，推动财政形态实现质的转变。这就要求各级政府要遵循财政数字化本质及转型要求，设计财政数字化转型的路径和措施，综合考虑本地财政工作实际和信息化发展水平，围绕财政组织重构、运行流程再造和管理方式创新等目标，全面、系统、科学地规划本地数字财政建设框架和实施路径，加快推进符合本地实际情况的数字财政建设进程。

②提升数字财政发展核心要素，加强数字财政建设与应用。现代化技术和复合型人才是数字财政发展的基础因素。加快推进大数据、人工

智能、区块链等核心技术的发展创新以及在财政领域的融合与应用，运用现代信息技术构建"纵向到底、横向到边"、触及所有资金点的财政管理平台，逐步形成数字财政管理和服务新模式。同时，破除部门分割壁垒，打通数据共享阻碍，有效破解"信息孤岛"，加快推进大数据立法，加强数据安全和隐私保护，构建一个纵向覆盖各个层级、横向跨越各个部门，包含所有与财政收支相关信息的动态"数据仓库"。

同时，数字财政建设涵盖所有财政管理和改革范畴，是一项庞大复杂的系统工程和长期性工作，当前数字技术发展迅猛，条线分支比较多，技术更新换代非常快，而财政领域本身知识体系庞杂，业务烦琐，能够兼具技术与业务能力的复合型人才极为缺乏，建设力量存在较大短板；部分地区数字财政建设缺乏稳定的工作机构和人才队伍，导致数字财政建设水平存在较大的区域之间、行政层级之间、领域之间的不平衡。因此，加强符合数字财政管理要求兼具较强主观能动性的复合型创新性人才培养，推动技术型人才和业务型人才的交流合作与融合发展，打造既能保持传统财政管理优势，又能有效发挥数字化手段优点的先进的管理模式，以优质顺畅高效的管理处理好数字化转型过程中人与人、人与事、资金与服务、收入与支出等复杂的利益关系。

③明晰部门权责利关系，推进数字财政一体化发展。数字财政具有跨部门特征，而财政部门作为综合部门，涉及到数据库建设和维护、资金拨付和使用、部门间衔接、政府与市场关系等系列问题，数字财政建设仅靠财政数据支撑是远远不够的，需要涵盖经济社会众多领域的宏微观大数据支撑。因此，有效发挥以财政部门为主导作用的数字财政建设，就应该在技术数据等要素配置（如数据所有权和使用权的界定）、权力和利益分配、责任归属等方面做到严格而明确。财政数字化转型的最终目的之一是提高财政资源的分配和使用效率，助力全面预算绩效管理，即着重在"财"上做文章，但离不开"政"的支持。不过当前数字财政在"政"的方面建设明显不足。"政"是"财"的支撑，我国的行政管理体制下财政部门不具有与"财"相匹配的"政"的权力，这一问题在以提升"财"的配置效率为目标的财政数字化转型时期可能更为严峻，导致数字财政建设过程中的权责利关系不清晰，阻碍了财政

数字化转型的进程。因此，扩大数字财政建设所需的大数据集中规模、打通部门间的数据共享通道、实现部门间基础信息全覆盖、系统深入数据的应用研究、夯实基础条件迫在眉睫。

　　总之，数字财政建设应循序渐进，以数据挖掘和数据库共建合作为起点，如数据共享交换等，进而拓展到人员往来和更频繁的业务互动，最终实现事权、公共服务、财政资金的有机统一，真正实现每一笔资金、每一项业务的精细化、动态化管理，全程留痕、可追溯和严格的资金业务对应关系，财政部门与各业务部门应是更加紧密的协同合作关系。

第三章 国外清廉政府财政模式研究

第一节 北欧国家

1. 丹麦廉政建设模式

（1）多元化的监督制度。监察专员制度是丹麦打造清廉国家的一个重要举措，目的是保证民众不受到政府部门的不公正待遇。丹麦于1953年颁布宪法修正案，决定引入议会监察专员制度，并于1954年颁布《议会监察专员法》，正式建立议会监察专员制度。

议会监察专员的职责是依据法治和良好行政两个原则对受理的所有案件进行评估，负责受理和调查行政失当行为。主要工作内容包括：接受公民投诉并展开调查；从媒体等其他渠道获取信息，对认为需要调查的事项展开调查；定期实地考察监狱、儿童收留所、精神疾病医院等弱势群体集中的机构，以确保他们的基本人权。任何人只要对政府行政或官员个人行为有质疑都可以直接向监察官投诉。

议会监察专员是一类由丹麦议会任命但又独立于议会之外、不受党派政治干扰的高级政府官员。一方面，它只是就整体工作情况向议会负责，个案的调查并不受其干扰，具有行使监督权的独立性。另一方面，从议会监察专员与行政机关之间关系的角度看，议会监察专员具有独立于行政机关之外的机构独立性，其人事任免和财政经费等重大事项也不受行政机关的掣肘，这些条件有效地保障了议会监察专员能够对行政机关及其工作人员进行独立有效的监督活动。职权独立对于丹麦议会监察专员有效行使监督权的积极意义在于，议会监察专员能够自主调查涉及任何行政机关工作人员包括政府部长的公民申诉案件，而不必担心因为政府内阁部长同时是国会议员而受到立法机关的干扰。

丹麦议会对议会监察专员的工作进行监督。一方面，议会监察专员要提交年度工作报告和特别报告，丹麦议会通过审议这些报告的方式来考察监察专员整体工作的完成情况和重大案件的处理情况。另一方面，丹麦议会有权对严重失职或者违法的监察专员进行罢免，以此来监督监察专员的工作完成情况。

财政预算的全过程监督。丹麦财政部除财政支出司负责财政支出总体情况监管外，其余各司局分别对行政、环境、交通、教育、劳工市场、卫生等部门预算支出进行相应的财政管理和监督。将监督职能融入预算周期管理运行全过程，依法作用于预算程序和环节中，监控整个财政运行过程。从预算编制开始，财政部对政府各部门申报各项目资金的真实性、合理性认真地进行审核和监督。预算经国会批准后，财政部还要通过审核各部门会计报表、监控资金流动和进行现场调查等方式，对各预算单位是否依法执行预算情况进行监督。财政部还安排有关人员对部内各司局预算管理和执行情况进行内部监督检查。此外，政府各部门也均设有内部审计机构，依法监督本部门预算资金运行情况，国家审计办每年要对财政部和部分政府部门进行财务和绩效审计。

媒体舆论和民众监督。丹麦廉洁的社会文化使民众对于腐败行为深恶痛绝，媒体从业人员更是对腐败行为保持高度的敏锐性，对公共部门毫不客气地进行监督披露，只要公务员有丝毫的"出轨"，媒体就会敏锐发现并且大肆报道，在全社会迅速掀起舆论浪潮，从而对官员腐败形成强大威慑。同时，以高度透明化的行政系统为支撑，民众也可以对政府的行为进行监督、检举。

（2）公共支出透明公开。丹麦政府致力于建设阳光、透明的政府模式，公民可以通过政府的"经济与成果"、丹麦贸易委员会反腐咨询服务、丹麦"欺诈与腐败"网站、丹麦使命网站等获取信息。丹麦的廉政体系具有高度透明的特征，政府制定了完善的信息公开方面的法律，基本实现了信息公开的法治化。丹麦所有的公共机构以及一些私营公司都拥有高度的透明度，大部分机构通过更新网站将大量信息向外界传递，公众获取信息非常方便和快捷，有效预防了腐败现象的滋生。

在财务方面，丹麦政府每年发布预算白皮书，将公共资金的分配和使用情况向外界公开。丹麦规定国家公职人员必须按规定公开财产，内阁大臣必须公开每月的公务用餐开支、出访费用及收到的礼物等情况，所有的公共部门也都必须公开他们的预算和开支情况。除了对政府财政信息的充分披露外，丹麦还建立了完善的官员财产申报制度，所有人的住房、财产、土地都要在财产登记部门注册登记，且不允许任何瞒报。为更好地防止高级官员的腐败行为，丹麦议会在 2009 年通过了一项《透明制度》法案，规定内阁大臣必须公开每月的公务用餐开支、出访费用及收到的礼物等情况，以进一步提高官员的财务透明度。此外，丹麦议会在提高部长花销的透明度方面也树立了良好的榜样。它制定了"公开机制"，即不同政党之间达成的协议。该协议鼓励部长们申报其每月的支出、差旅费、接受的礼物与其他相关信息。在自愿的基础上，一些部长还在自愿总理办公室网站上公开自己的个人和财务利益。在政党筹款方面，法律规定个人向候选人捐款有明确限额并向社会公开，所有的公共开支信息也会在互联网上公布。不仅公职人员，丹麦所有公民的住房、财产、土地都要经过注册登记，不容许谎报瞒报。

（3）系统性的清廉教育。在丹麦人看来，风清气正、没有腐败才是正常的政治和社会现象，在他们的文化中似乎就没有送礼、走后门、贪污这些腐败的概念，清正廉洁很自然地就形成一种社会公德。如此良好的社会意识的形成当然离不开丹麦强大而透彻的教育体系所发挥的积极作用。

首先，丹麦的学校非常重视道德、廉洁和法治教育，而且这一教育理念贯穿于小学至大学教育的全过程。这十几年心智成长的过程，也是人生观、价值观形成的关键阶段，政府不断地以法治观念、道德培养、廉洁教育熏陶与打磨一代代人，其目的就是使道德观念、廉洁和法治意识深植于每一个国民心中。除了在学校阶段的相关教育，社会成员在步入社会、进入工作岗位后，政府还更具有针对性地进行相应的廉政教育。大学毕业生初入公务员系统，便会接受各种与廉政相关的培训，使他们更加清楚自己将要面临的岗位与腐败的界限，明确什么是合法的，什么是不合法的；什么该做，什么不该做。

其次，丹麦政府也高度重视教育体系本身的反腐败建设，有针对性地制定了一系列完备的政策，从而保证了丹麦教育体系的高效和清廉。第一，监察官机构对教育体系形成了有力的监督，监察官受理投诉，对高校董事进行独立调查。第二，大学机构也是丹麦国家审计委员会办公室重要的审计对象。审计办有 20 多人专门负责对大学的审计工作，审计方式包括财政审计和效益审计。第三，除了外部审计之外，大学董事会也要雇用有执照的会计师事务所作为内部的审计机构，这有效地减少了丹麦大学的腐败现象。第四，丹麦的科技创新部代表政府对大学实施管理和一般性监督。为达到对大学有效管理的目的，丹麦科技创新部代表政府与大学签订合同（3~4 年）并监督合同的执行。合同的主要内容为大学的战略目标、发展重点和发展规划，大学每年要向部里报告合同进展情况。第五，丹麦大学的经费由政府提供，为使拨款产生最大效益，政府为大学建立了"出租车跳表体系"。以教学为例，教学的跳表体系根据学生活动表现，以通过考试率和毕业率为标准决定拨款额。这种拨款体系具有竞争性，使大学和学生更具竞争能力，促进大学合同效益的落实。

（4）完善的福利体系。丹麦完善的福利体系减少了个人的逐利行为。丹麦作为全球幸福指数较高的国家，其幸福的制度保障是社会福利。丹麦的教育、医疗、生育保障、廉租房制度、失业津贴等社会保障措施免除了民众对基本生计的后顾之忧。没有太多生存顾虑的丹麦人虽然身居北欧，冬日漫长，但他们心无旁骛，富有创造力地工作。有了坚强的经济基础为后盾，丹麦的社会非常有活力，丹麦民众从事的是他们感兴趣的工作，而不是赚钱多的工作。在很多国家，许多人工作"向钱看"，追逐高薪工作，但在丹麦，人们却是为了自己的兴趣而工作，做最让自己"快乐"的工作。因为税收很高，人们很难在这种社会中真正成为大富翁，因为不论赚多少，高税收都会"均贫富"。因此，金钱的诱惑减少了，人们就更趋向于做他们感兴趣的工作，这也使得丹麦的社会非常有创新精神和活力。

2. 瑞典廉政建设模式

（1）积极推进立法，构建完善的法律体系。瑞典政府针对反腐败行为从行政管理制度、宪法和刑事法律三个层面作出努力。在行政管理制度层面，对于公职人员在执法过程中存在的腐败问题，在法律中作出了明确的界定。在宪法上，对于任期内的国家领导人作出规定，严禁收受贿赂，并禁止其进行个人的商业行为。在刑事法律内里，还对国家公职人员的违法行为进行单独的专门描述。同时，与腐败行为的相关行为还具有体系具体、处罚严厉的特点。

早在20世纪初，瑞典就开始制定反腐败方面的法律，强调预防和惩治相结合。1919年、1962年、1978年先后制定和完善了《反行贿受贿法》。在刑法的有关条款中，对受贿罪作出明确规定。1977年修改了第二十二章第二条关于受贿罪的规定，将贿赂犯罪的主体由原来的公务员扩展到企业的职员；1999年，再次对该条款作出修改，使贿赂犯罪的主体扩展到欧盟委员会成员、欧洲议会成员和欧盟法庭的法官。瑞典法律还明确规定，不仅要惩罚受贿者，根据情节轻重可以对受贿者判处罚款甚至最多6年的监禁，而且必须惩罚行贿者，凡构成行贿罪的，一律判处罚款或两年以下的监禁。这些立法对有效预防腐败起到了显而易见的积极作用。

此外，瑞典在民主平等、新闻言论自由和信息公开三个重要方面也积极立法，根据这些法律规定，瑞典的各个职能机构、新闻媒体和公民都有权依法对政府及其公职人员实施监督，这样就从法律层面保障了监督的实效性。完善的法律体系，对遏制公职人员的腐败行为起到了有效显著的监督作用。

（2）改进财政支出管理制度。瑞典政府的项目预算模式由于存在以下困难而在部分中央政府部门的应用情况并不是很理想。一是项目预算模式低估了评价政府部门活动成果的困难性。一个政府部门活动所产生的社会效用是由多方面因素影响形成的，企图从预算一个方面进行准确评价存在一定难度。二是新旧体制之间的矛盾。实行项目预算的政府部门希望以他们的各种项目划分进行工作，而内阁各部却仍然以旧的预算体制考虑问题。三是有时很难制订各部门的长期计划，或者制订的这些计划不准确，难以作为各部门未来经济活动的依据。

为了克服上述困难，瑞典政府决定自1985年7月起推行"框架预算"。框架预算是项目预算的发展。它的使用范围比项目预算更广，它把内阁各部也作为实行框架预算的单位，财政部核定内阁各部的预算拨款总额不是按支出种类核定拨款额，而是根据各部的"目标"，只核定总额。内阁各部本身及其下属机构的拨款数额由内阁各部核定。这样既扩大了内阁各部的财权，又加重了他们的责任。框架预算法早在20世纪70年代初期就由某些地方政府从有些项目更节约开支的招标方式中得到启发而开始试用。瑞典国家审计局负责项目预算与框架预算试验与推广。审计局认为，这些方法的应用使政府各部门有了新的"经济思想"和"经营思想"，成本会计在政府部门得到了应用，新的规划程序能使大批工作人员发挥其聪明才智。总之，项目预算与框架预算的试验与应用使政府部门认识到现代经济管理的职能是什么，并为提高政府部门工作的质量奠定了很好的基础。

（3）全面有效的监督制度。世界首创的议会监察专员制度。瑞典的议会监察专员（又称督察专员）制度，是瑞典的一个创造。从1809年产生，历经200多年的实践检验而经久不衰，被誉为是应对官员腐败的"大杰作"和"对世界统治艺术的贡献"。这一独立于政府而直接对议会负责的高度独立的廉政督察机构因成为瑞典廉政建设的代名词而闻名于世。1809年，瑞典首创议会监察专员制度，专员作为国会特使，负责调查公民对政府及其公职人员的投诉，"以确保公民免受政府部门或其他机关的不公正对待"。议会监察专员在瑞典语中就是"以关照他人利益为职责的人"。任何人都可以向专员提出申诉或控告，专员则有责任——予以答复，视情况决定展开调查或是进行裁决。监察专员可以批评和训诫官员，可以对违反法律的官员直接提起公诉。监察专员职权广泛，从中央到地方，从行政到司法，无所不包。同时，议会监察专员机构简单，办事程序简便，注重实效，这样一种灵活而又强有力的监督机制在监督政府及其官员方面发挥了重要作用，为世界各国普遍称道，并被其他代议制国家纷纷效仿，作为一种解决申诉的专门机制，监察专员制度在吸收民众诉求方面效果显著，从而使公民在公权力面前充满安全感，开创了社会和权力之间的良性互动。经过长期的实践积累，瑞典形成了一个比较健全的对公权力进行制约和监督的机制，包括议会监督、司法监督、政党监督、新闻媒体监督等，其中，最具特色的当数其首创的议会监察专员制度。

监督网络系统化。瑞典在司法、立法、行政三权相互制衡的基础上，通过有效的分工合作，使各部门建立起完备系统的廉政监督制度。全国 200 多个部门，大部分都有相应的监督机构和监督制度，实施对本部门的监督。同时，议会监察专员办公室、国家纪律处分委员会、司法办公室等机构积极受理投诉，构成有效的外部监督。各种监督制度又相互衔接，最终构成网络，形成合力。网络化不仅提高了监督实效，也有利于发现问题，及时堵住制度漏洞。

（4）政务公开，构建阳光透明的政府。瑞典政府一直致力于建设阳光透明的政府，推行政务公开和公务员财产申报制度。信息高度透明是瑞典政府廉政建设的一个突出方面。1766 年，瑞典就已经确定了信息公开的原则。每一位瑞典公民都有权到任何一个政府部门要求查阅该部门的所有文件及相关政务信息，包括财务方面的文件（涉及国家安全、个人隐私和法律规定不予公开的信息除外）。如果有任一公民怀疑某位政府官员公款私用或者挥霍公共资金，就可以向监督部门或媒体举报，随后有关方面就会立即开展调查。任何部门或个人都无权调查举报的来源，受理举报的部门或媒体在法律上有义务为举报人保密。同时，瑞典作为信息技术社会化程度最高的国家，不仅推行电子政务，还实行信息公开和财产申报制度以及金融实名制度。任何人想了解领导干部和公务人员的收入情况，可以直接给税务局打电话咨询，税务局并不查问。正是这种将公开透明做到极致的做法，使政府各部门及其公职人员完全置于社会的监督之下，最大程度地杜绝了贪污受贿现象的发生。这种公开透明的制度也强化了公职人员自觉接受监督的意识，保证了瑞典政府各部门及其公职人员的高效廉洁。

（5）形成诚信至上的社会价值引导。在瑞典，以"公平、公正、平等"为自身追求的价值理念，由于其价值体系和理念深入人心，逐步成为瑞典人最为崇尚的精神品质和社会主流行为规范，民众都自觉以贪腐为耻。在瑞典民众看来，每个人在社会中都是平等的，都希望且有权利得到公正的对待。如果存在个人收受贿赂或贪污腐败获得好处的现象，就反衬出他人遭受到不公正待遇，这是无法原谅的，这种特殊的政治文化规范并影响着瑞典的民主政治。瑞典公职人员清正廉洁和克己奉公的职业道德来源于其自身认可的公平、公正的社会道德，而他们所投身的政府部门的道德取向又反过来示范和影响着社会的道德趋势，两者相互推动、相辅相成。这种积极、公正而又带有先进性的社会文化价值观有力地支撑着瑞典政府的廉政建设。

3. 芬兰廉政建设模式

（1）完善、严密的法律体系。政府高标准的道德价值观。政府在道德价值观和准则基础上的良好治理与管理，诸如信任、透明、责任及问责、响应和参与，都是阻止腐败犯罪，特别是不当行为、管理不善、行政失当的重要因素。芬兰宪法对政府应施行符合道德准则的善政予以明确规定。在上述价值观中，信任是重要的组成部分，被看作是公民社会的基石。公众对政府及其机构的公正性、客观性和合法性的信任和信心，直接影响着政府反腐败的成效。

芬兰司法部于 2002 年建立了反腐败合作网络，汇集一些主要的政府机关以及其他利益相关者（私营部门、民间团体和研究团体），以确保机构间的协调和提高认识，并希望该网络能够为未来芬兰在法律和制度方面的反腐机制提供原动力。

高于国际标准的国家立法。目前，国际和欧洲区域性反腐公约主要是：芬兰 1998 年 12 月签署、1999 年 2 月批准的《关于打击国际商业交易中行贿外国公职人员行为的公约》；2000 年 6 月签署、2001 年 10 月批准的欧洲理事会《反腐败民法公约》；1999 年 1 月签署、2002 年 10 月批准的欧洲理事会《反腐败刑法公约》；2000 年 12 月签署、2004 年 2 月批准的《联合国打击跨国有组织犯罪公约》；以及 2003 年 12 月签署、2006 年 6 月批准的《联合国反腐败公约》。

2006 年，芬兰通过第 466/2006 法案和第 605/2006 号法令，将《联合国反腐败公约》纳入芬兰法律体系，使得《联合国反腐败公约》中规定的犯罪均在芬兰刑事司法中得到充分的体现，有些犯罪的认定甚至超出了《联合国反腐败公约》的最低要求。如《芬兰刑法》第十六章危害政府罪、第三十二章商业犯罪、收受和洗钱犯罪，以及第四十章公务犯罪的规定，其入罪门槛均低于国际标准，其中的受贿罪规定，只要其实施了索取或接受的行为，就削弱了公众对公共部门的信心和公正性，其行为就足以构成犯罪。

刑事执法严格，重在定罪，罚金高昂。芬兰在调查、起诉涉及腐败的犯罪中，其程序完全等同于其他类型犯罪，严格遵循《刑事诉讼法》《预审调查法》《强制措施法》规定的一系列规则和程序。芬兰刑事司法系统与欧洲其他国家相比，其突出特点是重罪轻刑重罚，即入罪门槛低，重在定罪，刑罚的适用较为轻缓，但强调罚金刑的广泛适用。很少使用监禁刑处罚腐败犯罪的结果并未导致这类犯罪的增加，因为腐败犯罪被追查、起诉的高风险和严厉罚没的高成本往往使行为人不敢铤而走险去实施腐败犯罪。

对于公务员实施腐败犯罪的，根据《公务员法》的规定，如果公职人员涉嫌违法，司法调查则被视为影响其履行职责，该公务员将被停职。而且如果被选为公职人员或行使公共权力的人实施了加重贿赂犯罪，其公职身份和职权将被罢免；对于实施较轻微的与腐败相关的犯罪，法官对是否解除其公务员身份或职权享有自由裁量权。同时，《芬兰刑法》对私营企业涉及贿赂犯罪的规定也比《联合国反腐败公约》的规定更严格，违反职责本身并不是犯罪的构成要件，在行为人履行职责过程中接受行贿者的好处便足以构成犯罪。因此，定罪的目的旨在保护雇主与雇员之间的信任关系以及维护自由竞争机制。

密切关注腐败犯罪高发领域。近年来，芬兰在政府采购、税收、选举、建设项目、体育以及政治等领域发生腐败犯罪的频率较高。过去的10多年来，芬兰出现了一系列涉及假球的案件，其中，大多以球员和教练因受贿而踢假球以及通过博彩赌球而被定罪。芬兰刑法规定，实施商业贿赂和接受商业贿赂的腐败行为，可以处罚款和最高两年的有期徒刑。在芬兰有关假球的案件中，如果涉及向球员支付金钱以让他们输球，则构成腐败犯罪；如果涉及赌球并获利，则被视为欺诈行为。

（2）财政分权，避免权力过于集中。有效地限制权力、避免权力过度集中是防止权力腐败的必然选择。地方自治分权是芬兰政府规制权力集中的重要手段。芬兰的地方自治主要体现在减少中央对地方的过度干预，给予地方充分的自主权。目前，芬兰的行政区划主要包括 19 个区和 416 个市镇，其中有 348 个是自治市。在芬兰，中央一级主要负责国家各项事业的统筹规划、整体运行。区政府则负责全国性的地方事务。而地方自治市则拥有相对的辖内自主权和行政独立权，自治市除了要完成其所承担的诸如教育、医疗、公共设施建设与维护等法定服务，还可以在国家宪法框架下制定辖内的法律、自由设定辖内的各种税率等。地方的相对自治在一定程度上避免了权力的过度集中，对于防止权力滥用、培育民主精神具有重要作用。

（3）以公开透明政府为基础的外部监督。政务公开透明。首先，透明与公开是芬兰政府的一个主要原则，公共部门所有档案都对公众开放，接受市民和媒体监督。只有让权力在阳光下运行，才能防止权力的霉变。早在 20 世纪，芬兰就制定了《政府文件公开法》《政府行为公开法》来保障权力运行的透明和政务信息的公开。法律的规定使得政府政务文件和官员财产等信息的公开成为必须履行的义务。在芬兰，除了国家机密和个人的基本隐私之外，所有机构、社会团体和个人的信息都需要公开，并且保证任何人都可以通过相关部门对以上信息进行查阅，"公民获得政务信息的权利得到司法总监和议会监察专员的保护，公民如果认为自己的知情权受到了侵犯，就可以向司法总监和议会监察专员机构进行申诉"。

媒体监督。在长期的廉政建设中，芬兰已经形成了社会广泛参与的监督网络。媒体监督是一把反腐利剑。一直以来，媒体在芬兰廉政建设中发挥着不可替代的作用。在芬兰，媒体有着高度的自由权和社会影响力，是打击腐败的一把利剑。

民众监督。在芬兰，举报政府官员的违法行为是每一个公民的基本权利。在廉洁文化的长期熏陶之下，芬兰民众对于腐败现象基本是零容忍的，其自觉监督和检举的积极性非常高。同时，芬兰政府也十分重视民众监督，制定了一系列措施来保障民众举报渠道的畅通。比如，在芬兰政府网站上一般都会有公民举报方式的详细说明，民众若对政府和官员行为存在质疑，便可直接通过电子邮件等多种方式对相关部门进行建议投诉和举报，也可以直接申请法庭立案。

（4）加强个人内心诚实的思想建设。再好的法律也"很难强制让一个人不腐败""只有自己内心强大才能防止腐败"。芬兰政府认识到，与腐败作斗争不能只靠风暴式打击，关键要形成诚实信任的社会环境。据相关资料介绍，长期以来，芬兰政府将反腐败教育与其公平、平等的理念紧密结合，诚实可靠的政治文化被逐渐培养起来，并深深地植根于社会土壤之中。一是面向社会进行廉洁教育。芬兰中学就已开设法律基础教育课程，培养公民的守法观念。二是面向公务员队伍进行廉政教育。芬兰年轻人从大学毕业进入公务员体系后，最重要的就是通过培训使其弄清"腐败"的界限，即接受礼品或受请吃饭的上限在哪里，个人的权限是什么。三是重点抓执法系统的廉洁自律教育。通过廉政教育，营造了崇廉鄙贪的浓厚文化氛围，使得贪污受贿行为如同偷盗抢劫一样，被全体人民视为卑鄙肮脏的不义之举。芬兰前最高检察院总检察长马蒂·库西马基说，公民自律是防止腐败的最有效手段。为达到某种目的向他人行贿或替他人办事而索取钱财，都不符合芬兰人的思维方式。

4. 挪威廉政建设模式

（1）有效的行政监督制度。议会监督。在挪威，议会、预算议案的通过有一套特殊程序。每个常设委员会要对自己职权范围内的预算案部分进行仔细审议。在每年10月初，议会会议开幕后的四天内，政府须向议会提交国家预算案和政府的收支案，在审议预算案前，财政委员会将提交一份关于预算规模和可行性的报告，议会针对预算案的审议与辩论通常要持续到11月5日左右。与此同时，议会的财政委员会把该预算案不同部分发给相应的各专门委员会，并且规定报告上交的期限，一般在11月7日将各委员会的报告核订后上交议会。财政委员会有权对各常设委员会的报告提议进行修正，它大约在12月12日作出最后的预算报告。在圣诞节前的"平衡讨论"中，议会将最后通过预算案。该预算案将会于次年1月1日新的财政年度开始时生效。在6月，议会还会讨论财政委员会关于修改预算案的建议。

专门委员会对预算案的审议使议员们最大程度地参与了政府的重要报告。然而某些专门委员会为了其特殊利益则可能作出有损政府预算案质量的行为。司空见惯的是，财政委员会、能源和工业委员会及社会事务委员会之间经常就劳资关系发生激烈争论。

议会监督专员。议会公共管理督察专员是直接依据宪法的规定产生的，是由议会在不是议员的人中任命，其职权范围涉及整个公共管理领域，主要监督中央政府、县和市政府。提交给议会公共管理督察专员的申诉案件可以是针对行政机构的，也可以是针对政府官员或者公共管理过程中的其他人的。任何认为受到行政机关不公正对待的个人都可以在规定的时间内以书面形式向议会公共管理督察专员提起申诉。议会公共管理督察专员有权就与职权有关的问题向行政机关提出自己的意见和看法，但属于建议性的，对当事人不具有法律上的约束力。

独立的审计监督机构。挪威的审计监督机构即总审计署是依据宪法规定而由议会所产生的专门监督政府财政、财务活动的机构，不隶属于政府而直接向议会负责，财政开支由议会直接决定，不受政府财政预算影响。因而能够不受干扰地、独立地对政府以及其他国家机关的财政、财务活动进行审计监督。总审计署在从事审计活动时，享有不受限制地收集有关信息和材料的权力。每年，总审计署向议会提交工作报告，分别陈述对上述事项的审计情况及有关审计结果。其所有报告将最终由议会出版，向社会公开。公民个人和其他组织可以随时向总审计署查询有关审计情况和审计结果。

（2）活跃的舆论监督。北欧国家新闻业通过几百年的发展，已经形成了世界上最为先进的新闻监管机制。随着社会的不断进步，北欧各国形成了以"宪法为根本、新闻法为指导、团体组织为监督、新闻伦理为自律"的新闻监管系统。这套监管系统多年来运转正常，北欧各国也给予了新闻媒体很高的自由度，这样的自由度高到让媒体敢于监督政府、议会的一切活动。挪威新闻媒体对高官乃至内阁成员的工作和作风时有评点，对他们的失职、违规以至生活上的不检点行为也予以曝光。

（3）全民财产信息网上公开。

一是收入、纳税信息公开。通过税务部门的网站，可以查看到每个公民的缴税情况、需要缴税的收入信息以及所拥有的房产和其他财产信息等。这是透明精神的体现。挪威公民或者其他在挪威有纳税义务的人，可以登录挪威税务局的网站查看自己以及其他公民的财产、收入以及纳税信息，或者也可以前往税务局设在各地的办公室，调阅相关的资料。同时，也可以通过类似渠道查看到私人企业的纳税情况。这些信息并非仅仅用于财产公开，而是帮助税务局清楚掌握缴税情况，并鼓励全民监督。此外，媒体对此类信息进行整合，以便公民直接查阅，这使得全民财产公开制度成为看得见摸得着的挪威人生活的一部分。在挪威的不少地区，许多当地报纸也会选择在每年的某一个时刻公布该区的个人财产信息。值得注意的是，出于隐私安全的考虑，挪威在2011年后规定媒体不能在网络上直接整合包括所有公民财产状况在内的个人财产信息，但税务局的查询方式仍然是公开的。

二是房产信息公开。在挪威，提供此类房产交易信息的网站有好几个，其初衷是为了规范房地产交易市场，使得买卖双方得到更公平的交易环境。但是这使得个人持有房屋财产的信息变得公开透明。通过公开信息，可以查询到某栋房产归某自然人或者某法人所有，再加上此前税务局的个人财产信息，人们可以了解到其他人持有房产的信息。

第二节　西欧国家

1. 英国廉政建设模式

英国是最早实行文官（公务员）制度的国家之一。文官队伍保证了政府工作有效稳定地进行。总体来看，英国文官是一支比较廉洁的队伍。其原因可能是英国有一套较完善的公务员招聘、培训、任用、管理和监督的制度。

（1）公务员选拔机制。

①选拔公共机构官吏的程序与步骤。19 世纪中叶，英国的工业革命使工业资产阶级占据了公共权力的主导地位。然而，由个人任命官吏的弊病阻碍了公共管理职能的充分发挥，于是，革除传统任命弊端与创建高效廉洁的行政管理体系成为当务之急。政府意识到，"要得到第一流的人选，必须借助于竞争"。《诺斯科特——屈维廉报告》列举了"恩赐官职""政党分赃""个人任命制"多种弊病，提出了公务员选拔、分级、晋升的建议，从此揭开了英国文官制度改革的大幕。英国枢密院分别于 1855 年和 1868 年颁布法令，进行两次重大改革，革除了旧制度混沌、低效、腐败的弊病，确立了近代文官考选、培训、提质的基本原则；变"封闭结构"为"开放结构"，大大提高了廉洁与效率。英国公共部门的初等文官由中央各部委及地方自行招考，中高等文官由国家文官委员会录选局负责招考。基本分为六个步骤：组织应试者进行统一的书面考试；通过讨论、陈述和提出解决问题方案对应试者进行能力考核，综合评估应试者的性格、品德和能力；通过对相关问题的现场答辩，考查应试者的理解能力与工作能力；运用冷僻问题对应试者进行智力测试，进一步了解其能力；面试多由文官委主任主持，对前四步测试的优秀者进行面对面的交流与答辩，高等文官应试者还需参加遴选委员会的口试和终选委员会的复试；文官委员会根据综合考试成绩向政府推荐录用名单，由政府任命，在试用合格后转正。每年的文官竞试异常激烈，录用者不超过 10%。这种考试为打造廉洁高效的优良公务员队伍奠定了良好的基础。

②公共机构官吏的培训、考核与激励。在培训方面，英国成立有专司公务员规范培训的文官学院。新入职的初等公务员需在文官学院进行不低于 20 周的在职进修；中高等公务员需在文官学院进行 3～10 周的政策研究高级培训。文官学院对有些政治、管理、培训的调研项目给予不菲的经费支持。从英国公务员的培训科目中不难发现：其培训目的是使公务员的综合素质适应科技的发展，培训的内容紧贴职务，培训的重点在于专业技能，培训的目标在于转换政府职能和提高管理效率。

在考核与激励方面，英国每年对公务员进行综合年度考核，以考绩为主、考勤为辅。考核内容涵盖工作知识、素质品格、行为决断、责任担当、忠诚程度、角色适应、热心情形、创造能力、监督能力、廉洁道德等诸多方面。考核步骤为：学员填写年度考核表→上级填写意见→上级的上级填写评语→考核委员会最后综合评价。考核一般分五个等级：A（特别优秀）、B（优秀）、C（良好）、D（普通）、E（差）。对考核成绩 D 等级者给予指导和告诫，对 E 等级者实施降级，对 A、B 等级者按规定晋升。同时，公务员的薪金也对应联动。

英国在文官改革过程中既把常规逐级晋升、特异越级晋升、劣者降级剔除等作为重要的激励措施，又通过改进退休金制度建立奖优罚劣的福利机制，推动公务员自律自束、向上向善、讲廉知耻、奉公守法，增强公务员奉献国家的荣誉感、使命感、责任感。

（2）英国官吏体制内外的监督。

①体制内的同体监督。在英国，凡是设有公共机构的地方，就有监督机构。其体制内同体监督主要有四种方式：一是代议机关的监督，通过听证、质询、不信任投票、弹劾等，对议会议员、中央各部委员、首相及内阁大臣等进行监督。受到公众投诉的当事议员，必须无条件地接受主管投诉事务专员的问询；首相及内阁大臣每月均要接受一次议会特别委员会的质询，首相除因外事不能到场而由副首相代替外，均须到场回答特别委员会的问题质询。二是国民保健监察署的监督，该机构受理公众对中央行政机关不良行政侵害的投诉，监督政府机构及其工作人员的履职行为，不受任何部门和组织干涉，直接向议会负责。监察署专员是国王任命的终身制职务，专署经费由中央列支。三是司法机关的监督，司法机关依据法律赋权与法定程序开展违宪巡查、司法审查、检察监督、反贪肃贪等活动，对公共权力运行中的违法违纪现象进行督促整改。英国实行独立的司法制度，司法机关不受行政干预，这保证了司法的公正性，起到了真正有效的监督作用。四是审计机关的监督，英国设置有公共审计委员会、国家审计署、各部门内审组织等立体交织的审计机构。公共审计委员会最为独立，只对法律负责，其人员编制、运行经费不受议会和政府管辖，主要通过审查、督查、大规模调查方式对国家

公务机构进行监督，自 1983 年成立以来，工作成效明显。国家审计署主要负责对各级政府机构和部门的审计监督。各部门内审组织负责本部门内部的审计监督。同时，英国体制内强调上下负责和责任至上，下级违规则上级难脱干系，单位犯错则主管难辞其咎，因而，各级领导注重对属下的随时性考核，把监督落实在平时。

②体制外的异体监督。在英国，公共机构工作人员在管理社会和民众的同时也必须接受民众和社会的监督。体制外的异体监督主要有三种方式：一是公众监督。公众不仅有获取政府权力运行情况的知情权，而且有揭发违法官员的举报权；不仅有监督和批评政府的批评权，而且可以通过集会、游行、示威、请愿等群体性方式表达控诉。官员的行权行为和政府的绩效评估都须置于公众监督之下，做到透明公开。二是在野党监督。就世界范围来看，英国的在野党监督不仅成熟，而且典型。在野党以"影子内阁"的形式对执政党行使国家公共权力的情况进行监视，迫使执政党官员如履薄冰，不敢有丝毫懈怠。例如，2009 年，英国"议员报销门"初现端倪后，在野的保守党趁机发难，导致工党名誉扫地、内阁大臣纷纷引咎辞职，只得提前举行大选，最终执政多年的工党丧失执政地位。三是新闻监督。英国新闻与传媒界拥有出版自由权，在英国社会民主化的环境下，大到政府高官的滥权行为，小到政治家们的道德及私生活，媒体均可予以曝光，以致英国新闻舆论被戏称为"第四部门"和"第四权力"，其对公共机构官员的监督起着十分重要的作用。新闻监督与其他监督常常遥相呼应，给被监督者以政治上、伦理上、人格形象上的巨大压力，轻则声誉受损而陷于困境，重则身败名裂而被逐出政坛。

（3）英国议会预算监督制度。

①监督主体。

一是下院享有更多预算监督权。从 17 到 19 世纪，英国议会行使财政权的结构是二元化的，即上下两院都享有征税动议权。但随着商业资本主义的兴盛，代表平民利益的下议院逐步占据主动地位，而上议院的预算监督权开始名存实亡。征税动议权基本上由下院独享，但上院仍有权否决下院的财政法案。因此，预算的最终决定权还不能完全由下院控制。

19 世纪后半期，社会改革成为议会的首要利益，纳税人对控制国家钱袋权投入了很大的热情。人民的代表不再仅要求审查政府开支，而是希望运用政府开支来起到刺激经济发展、改善纳税人生活状况的作用。议会监督预算的主要动机已不再是寻求节约政府开支，而是为了揭露和批评政府政策与管理中的不足。

在此背景下，由贵族组成的上院的权力地位不断下降，直到 1911 年 8 月，议会通过法案规定，凡是由平民院议长授权指定的财政法案，贵族院不得修改或拒绝通过这些法案。此后，平民院独自拥有对预算的决定权。而上议院则通过经济事务委员会对下院每年提交的年度预算及财政法案提出报告，以及对国防预算和支出建议进行常规性的辩论。

二是公共账目委员会是下院中最为重要的预算监督机构。在下院中，对预算监督最为重要的机构之一就是公共账目委员会，该委员会早在 1861 年就已设立，是目前存在时间最长的委员会。该委员会由 16 名成员组成，按下院中各政党的比例分配席位，而且还要有一名成员是财政大臣，委员会主席通常由反对党中的重要人物担任，一般要求具有一定的财政背景，比如曾任财政部部长。国家账目委员会着重检查在现行政策下经费的使用，以查实政府各部门的各笔经费是否用于法律规定的用途，并讨论政府各部门使用经费是否经济、有效率、有效果。实践中，国家账目委员会在政府和议会中享有极高的声誉。

三是审计署鲜明的独立性保证了预算监督的质量。1983 年，议会通过《国家审计法》设立国家审计署，以取代财政和审计部。审计署具有鲜明的独立性，这为其开展客观公正的审计监督工作提供了重要的条件。其最高长官——审计总长是平民院的官员，完全独立于政府，其任命必须先由首相与平民院国家账目委员会达成一致，然后向平民院全院大会提出动议，再由平民院呈请女王颁诏任命审计总长。如果要撤换也得经过两院一致同意并呈请女王下诏。审计署受审计总长的领导，具有独立性。其工作人员不是政府文官；其经费由国家账目管委会审核后报全院大会通过，不由政府拨款；其向国家账目委员会报告工作。审计局在预算监督中承担以下两方面的工作：一是在平民院每年度的财政监督工作启动之前，审计局先行对政府各单位实施审计，并由审计总长向平民院的国家账目委员会提交审计报告。国家账目委员会再依据审计总长的各篇报告，启动自己的监督工作。二是在平民院每年度的财政监督工作结束后，审计局再检查政府各部门的整改情况，并将结果报告议会。

②监督程序和内容。英国议会对政府预算的监督包括两方面，即预算收入和预算支出。与其他国家不同的是，英国预算支出和收入不是同时决定的。英国政府之所以把税收和支出计划分开来编审执行，主要是因为政府认为这有利于实现理想的支出和税收目标。

一是监督预算收入。与其他国家一样，英国预算收入中最为重要的就是税收收入，而议会也主要通过控制税收来监督预算收入。从英国历史来看，税收权是议会斗争的重点。议会对税收的监控分为两类：一是永久性税收立法，即不需要每年经过议会审议，政府可以按照相关规定征收，此类税种占总税种的3/4左右；二是每届会期必须通过的年度财政法案，包括所得税、公司税、茶税和酒税等，其中，对所得税率进行调整是非常重要的一项内容。

永久性税法草案一般由英国财政部制定，通过每年议会开幕时女王亲临议会讲话的形式提交下院，经过三读程序审批并呈交女王签署即生效。财政法案则在每年议会审议预算案时表决通过。首先由财政大臣在下院全体会议上发表预算讲演，对新的财政年度的所得税税率及一些每年进行调整的税收方案提出决议草案。演讲结束后，下院立即组成筹款委员会对这些决议草案进行辩论和投票，形成一份总的决议案，赋予这些决议案临时性的法律效力。总决议案经讨论同意后报告下院。随后，下院将举行为期4~5天的辩论，之后提出一项总动议，所有的决议案被付诸表决，由于该份决议案只具有临时性的授权，按规定必须在4个月中通过一项财政法案赋予其法律效力。财政法案和其他法案一样，必须通过一读、二读、委员会报告阶段和三读程序，每一个程序必须在不同的日子中完成。其中，二读程序中的辩论常常会持续一天。

二是监督预算支出。政府在获得议会授权筹款后，全部预算收入款项都必须存入在英格兰银行开设的国家账户，即统一的国家基金，而政府的全部预算支出也都要从这个国家基金中拨付。英国预算支出种类很复杂，包括账目拨款、补充拨款、追加拨款、信用拨款等，其中，对账目拨款的审议是议会最主要和最紧迫的任务。由于英国财政年度开始于每年4月份，而预算法案在7月底以前一般不能通过，因此，议会要通过一个临时预算以满足这期间的预算要求。这要先由政府部门起草得到临时预算的申请，呈送下院并要求尽快通过。账目拨款必须在每年4月1日以前生效，因为到每年的3月底，当上一个财政年度结束时，所有政府部门获得的议会拨款必须被花完，否则将退回财政部。

英国预算支出大体过程如下：其一，政府向平民院提交预算、申请经费，并说明各笔经费的用途。其二，平民院全院大会对预算举行表决。其三，议会通过若干项法案，授权英格兰银行向政府支付款项。其四，对政府的开支予以审计。

除通过拨款审批程序来控制预算支出外，英国议会还建立了其他一系列制度来加强对政府预算支出的监控，这主要包括：

第一，年度授权。英国预算支出分为长期预算支出和年度预算支出。长期预算支出已经得到议会授权并长期有效，不需要每年申请拨款。比如，英国政府每年向欧盟缴纳的款项即属于这类支出。年度预算支出是每年都要经过议会审批才能得到拨款的支出，大多数政府预算开支属于这类支出。议会通过年度授权制度有力地控制了预算支出。

第二，专项拨款。议会拨给政府的款项都是专项拨款，而不是一揽子拨款。各项拨款都是专款专用，只能用于指定项目，不得挪作他用。

第三，余款退还制。如果政府经费出现富余，必须将其退还统一的国家基金，不能直接转作下一财年的经费。如果需要有限的暂时性开支，可以从意外开支准备金中支付。需要说明的是，虽然设立这一制度的初衷是为了统筹预算资金、提高资金利用效率，但实践中经常出现各部门突击花钱的做法，反而不利于节约资金。

③议会审批程序。对议会而言，无论是监督预算收入还是支出，审批都是非常关键的环节。英国采用三读制度来进行预算审批，即从下院开始，上下议院分三次审议预算。例如，下院收到提案后先进行一读，由议会秘书宣读提案的题目和缘由，随后将其列入议事日，并把提案打

印分发给全体议员。在一读通过一至两个星期后，下院进行二读，即对该税法提案进行一般原则性的讨论，这个阶段常被称为"总讨论"，是执政党和反对党进行的大决战，若经辩论后进行表决时被否决，该议案就成为废案；若通过，该议案原则上就算通过了。二读以后，由下院通过决议，宣布把提案提交给筹款委员会和供应委员会讨论。这时，议长离开议长席，下院召开全院委员会，由筹款委员会主席主持会议。这一阶段是考虑议案细节的阶段，每一条文依次讨论，可以提出修正案并将全案回报下院。下院收到议案后，则对全院委员会的修正案进行复审并提出报告，若下院反对党再次提起辩论，议案还可退回全院委员会重新审议。随后，该议案进入三读程序，只能进行文字上的修改，如反对者不超过6人即通过，最后通过投票表决，议案正式通过。最后，该法案送交上院批准并经女王签署后正式颁布。

2. 法国廉政建设模式

法国在长期的反腐败实践中根据实际情况建立了健全的管理和监督制度，形成了制约权力运行的有效机制。法国较有特色的廉政制度有财产申报制度、政务公开制度、公共会计制度和公务员制度，这些制度在实践中不断完善，较好地预防和治理腐败。

（1）财产申报制度。1988年，法国出台了《政治家生活资金透明度法》，对高级公务人员申报财产作了具体规定。该法主要针对总统候选人、国民议会和参议院的议员、中央政府成员、大区区长、海外省议会议长和较大城市市长等。该法规定，每逢总统选举之前，总统候选人必须将有关财产状况的资料用加封条的信封交给宪法委员会；两院议员上任15天内必须向议院办公厅提交准确、真实的财产状况申报单；所有政府成员和地方官员上任15天内必须向专门依法设置的委员会提交个人财产状况申报单。议员在任期届满前，政府成员和地方官员在职务终止时，也要提交新的财产申报单。不论上任申报、日常申报还是离任申报，所有报告都在《政府公报》上公布。所有被公布的信息随时可以被媒体和非政府组织监督核实。

对于没有履行财产申报义务的，法律规定的惩罚是严厉的：当选者取消一年被选举资格；领导任命权无效。政治生活透明化委员会有权要求当事人对财务情况的变动情况作出解释，对未作出充足解释的、十分可疑的财务变动情况，委员会会将有关文件递交检察院。委员会对于当事人财务变动的信息不仅来自当事人的申报，更多的是来自税务、审计、媒体和公众的举报。在实际工作中，财产来源往往成了查获官员职务犯罪的先导。如在1986年，有人发现国际合作部长克里斯蒂昂·努西拥有一座豪华古堡，而努西本人无法说明购买这座古堡的合法收入。经查，克里斯蒂昂·努西利用筹备在布隆迪召开的第12届法非首脑会议这一机会，非法贪污或挪用至少700万法郎的巨款。这件法国历史上最大的官员贪污公款案就是因对巨额财产来源不明的怀疑而查获的。

（2）政务公开制度。近年来，法国在行政机关自身转变观念、改变行为习惯的同时，采取了一系列旨在增强行政活动透明度的措施，确立了政务公开的原则，特别是行政文件公布、行政文书获取和行政活动公开等制度颇具特色。

①行政规范性文件公布制度。在法国，行政相对人的法制信息要依规范性文件制定主体的不同而通过不同的渠道获取。具体说来，所有共和国总统令或政府总理令必须在《官方公报》上公布。政府部门规章除了在政府各部《官方公报》刊载之外，还要根据其重要性及具体法律依据有选择地在《官方公报》上发布。对于实行地方分权的地方团体，凡是由其议事机关和执行机关制定的规范性文件，应当定期分别在大区、省、市镇的《行政规范性文件汇编》上刊载。对于与居民生活密切相关的市镇一级规范性行政文件，除了要在本地《市镇公报》上公布外，还要张贴于市政府的布告栏中。一经公布，所有上述行政规范性文件在市政府、省政府和大区政府均可免费查阅。

②行政文书获取制度。行政文件的获取具体表现为免费现场查阅和提供有偿复印件两种形式。如果行政机关对当事人获取某一行政文件的请求在一个月内未予答复，则视为拒绝其请求。当事人有权在两个月内针对行政机关以明示或默示方式作出的拒绝查阅的请求向行政文件获取委员会申诉。该委员会审查公民请求后，向行政机关提出附具理由的意见。在行政机关不采纳委员会意见时，公民可以向行政法院提起诉讼。

需要指出的是，不仅该申诉程序是提起行政诉讼的必经阶段，而且行政判例显示行政法官通常是肯定该委员会作出的判断。

③行政活动的公开制度。为了方便公众办理各种行政手续，法国政府在公共服务网上分类公布行政机关的基本信息，如机构名称、业务职能范围、办公地点、负责人姓名及联系办法等，所有行政当局的工作人员必须在其寄发的信件中注明具体负责该项事务的人员的姓名、职务、办公地点和联系办法。法国在行政程序若干环节上逐步引入透明机制，努力将行政权的行使置于行政相对人的监督之下，为了让行政相对人更好地了解行政机关的行为意图及行政行为的制定过程，法律在诸多方面为行政机关设定了程序性义务，如咨询程序、行政程序中的告知义务、行政处理形式的公开、行政处理决定的公开等。

（3）公共会计制度。法国是世界上公共财政体制最庞大的国家之一，对公共财政管理有一套强有力的监控机制，公共会计正是置于这个监控机制中的一个重要环节。在预算执行中，公共会计具有代表国家、公共团体或公共机构执行预算的法定权限。公共会计管理体制的最大特点在于它的公共部门的会计骨干队伍都直属于中央财政部编制，其任命、升迁、工资和考核完全独立于所在单位的领导，这一体制对于防范贪污腐败和提高公共部门的管理效率发挥了重要作用。

法国公共会计推行的最主要规则是指令人和会计人员的分离，这是法国公共会计的基石。自 1822 年开始，有关法律明文规定，这是两套相互独立和平行的公务员系统，它们之间没有行政隶属关系。所谓指令人是指公共部门的行政首长，由他们下令实施财政法，然后才是会计通过收付款项来具体执行。指令人和会计人员相分离的原则意味着在行政上会计人员不听命于指令人，而听命于财政部。行政首长的指令不是必须执行的，而是要审查其是否符合规定，经审查不符合规定的可以拒绝执行。会计人员在一系列非常严格的手续、规则和制度条件下没有任何选择或判断的自由度。会计人员在收付款之前必须检查：指令人的资格以及他的权力是否与指令的重要性相符；账户的资金状况；指令的性质是否与有关账目的性质相符；收支的合理性，即是否有凭证说明已经收到货物或者已经提供服务，其金额计算是否正确；是否已获得相应的批准，特别是必要时应得到财务控制官的批准；等等。如果发生经会计人员审查不符而指令人坚持要执行的情况，会计人员也可以根据账户的资金状况予以执行，但不承担责任。

对行政事业单位，会计核算业务由公共会计承担，单位不另设会计进行会计业务核算。对国有企业，则另设会计机构进行经营业务核算，公共会计不干预企业的日常经营业务，只监督其核算的真实性、合法性，并负责税款和其他应交国家收入的征收和国有资产的保值增值。

（4）法国公共支出监督。法国实行公共支出监督的历史较为悠久。早在1320年，法国便设立会计院开始行使公共支出监督管理职能。经过长期的发展与完善，特别是2006年法国新的《财政组织法》采用以结果和绩效为导向的新的公共预算以来，该国已形成议会宏观监督、财政部门日常业务监督、审计法院事后监督的分工明确、协调互补的公共支出监督体系。

在议会对公共支出预决算的监督方面，法国每一级政权都有自治的政府和议会，各级议会负责对本级政府公共支出预算进行监督。各级公共支出预算相对独立。公共支出预算的编制与审查通过是各级财政部门和议会的重要工作。法国议会把审议、批准和监督公共支出预算视作监督政府和行政权力的重要手段。在财政部门对公共支出的日常监督方面，法国财政部门在公共支出管理过程中担负着重要的监督职责，并通过财政监察专员、公共会计、财政总监等体系付诸实施，贯穿公共支出的全过程，具有监督层次多样、监督管理同步和监督执法严格等诸多特征，在公共支出管理中发挥着重要作用，主要包括：

①财政监察专员对部门和大区公共支出的监督。法国经济财政部在1922年根据议会通过的议案开始采用财政监察专员制度。财政监察专员由预算司负责管理。财政监察专员及其班子的主要任务是代表财政部监督各部部长使用由财政拨付的公共资金。各项公共支出只有经财政监察专员签字同意后，公共会计人员才能受理。财政部一般在年初核定各部的总拨款，各部必须在与财政监察专员讨论后制定分预算，并按月向专员报告执行情况。各部部长对每一项公共支出作出的决策，财政监察专员都有权进行监督检查。

　　1970 年以后，由于中央公共支出越来越多地向地方转移，为加强支出监管，法国将财政监察专员制度推广到地方，为此预算司又向 22 个大区各派一名监察专员，监督管理中央在地方的公共支出。

　　②公共会计在公共支出拨付时的监督。法国的会计分为公共会计和企业会计。所有管理国家财政公共支出拨款账目的会计都是公共会计。按照"支出决策人和支出执行人相分离的原则"，无论公共会计为哪个部门、单位或地区服务，都由财政部公共会计司垂直管理，目的在于保证公共会计的独立性。

　　③财政监察总署的专项监督检查。财政监察总署是财政经济部内一个专门监督机构，共 80 人，直属于财政部部长，是财政部部长的"别动队"。其主要任务是随时根据部长指示对涉及国家财政公共支出的活动及其他有关事项进行专项监督检查。财政监察总署对特定单位进行检查时，不仅要检查这些单位的有关账目，还要检查这些单位执行质量和工作效率、公共支出的经济社会效益，以及工作人员是否廉洁行政，有无贪污腐败现象。总之，只要财政部部长对某单位或某项公共支出有所质疑，都可指令财政监察总署进行检查或调查。

　　纵观法国的公共支出监督体系，不难发现其具有如下特点：

　　①法国的公共支出监督是一种融入式的监督。在法国，每一笔公共支出从作出决策、发出支付指令到支付，每个环节都要经过监督审核同意，否则这笔支出就不能支付。法国财政部门设置的监督机制融入了公共支出执行的全过程。可以说，法国公共支出管理的过程也就是法国财政部对公共支出进行监督的过程。

　　②法国财政部通过派驻机构和人员，充分重视预算的事前审核和拨付审核两个环节。为提高预算管理效率，法国财政部在各部和大区都派驻机构和人员，财政监察员和公共会计的工作，既代表财政部发挥事前监控的作用，又及时掌握预算执行中的信息和问题，以便作出应对。

　　③法国财政部门非常注意各类监督机构的相对独立和相互制衡。首先，支出的决策者与执行者相互独立，这就保证了财政部门的监督不受被监督部门的制约。其次，法国财政部门内部各监督机构分工明确、相互协调。财政监察专员是由财政部直接经过严格选拔而产生，具体监察

业务管理工作由预算司专门负责。无论公共会计为哪个部门、单位或地区服务，都由财政部公共会计机构纵向管理。财政监察总署直属于财政部部长。尽管各监督机构具体归属不一样，但都在财政部的统一管理下协调工作。

④财政监督与审计监督各负其责、协调互补。在法国，审计法院同时独立于议会和政府，属于司法范畴，其工作既不受议会干预也不受政府干预。审计的主要目的是检查管理水平和资金使用效益。审计检查在事后进行，对公共支出预算每年施行检查。财政监督是围绕财政收支管理展开的，目的是避免问题并及时发现问题。财政检查侧重于事前、事中进行，是日常性的和连续性的。由于审计监督和财政监督两者实施监督的阶段和方式不同，所以交叉重叠现象很少出现。

（5）法国财政分权。在西方发达国家中，法国是一个具有深厚的中央集权传统的单一制国家，1982 年 3 月，《关于市镇、省和大区的权利与自由法案》颁布实施后，法国进行了分权化改革。同年通过的《权利下放法案》改变了此前大区属于经济发展区的性质，成为一级实质性的行政级次，确立了目前的大区、省和市镇三级地方行政格局。中央和各级地方政府的职能和事权日趋明确。中央政府主要负责宏观管理与战略发展规划，地方自治权限逐渐扩大。分权改革后，过去一些由中央政府负责的事务下放给地方管理。1983 年，下放给地方的职权包括各地区的经济发展和计划、城市建设、住房、职业培训等。1984 年下放交通运输、社会活动、司法等职权。1985 年下放教育、文化、环境保护和警察等职权。各级地方政府之间职权也有划分：大区政府主要负责经济结构和地区布局的调整，省级政府负责社会福利和保障政策的实施，市镇政府提供最基本的公共产品和服务。

在划分事权的基础上，明确各级政府的支出责任。中央政府主要支出项目包括国防、外交、行政管理、重大建设投资、国家对社会经济的干预支出（即国家对某些经济部门的补贴）、国债还本付息以及对地方的补助金等。大区财政主要负责经济发展和职业培训等方面的支出。省和市镇的支出项目主要包括行政经费、道路、文教卫生事业费、地方房屋建筑费、警察、司法、社会福利支出和地方债务还本付息等。

在税权方面，税收立法权由中央统一行使，"市镇、省和大区议会虽然不能决定本地区地方税的计税依据，但是，它们有权直接决定本地区地方税的税率，只要不超过议会规定税率的 2 倍或 2.5 倍即可"。在税种划分上，中央与地方实行彻底的分税制，税源划分清楚。属于中央税的税种有个人所得税、公司所得税、增值税、消费税、印花税、交易税、遗产税和关税等。2003 年，所得课税、消费课税和资源课税分别占法国国税的 44.7%、47.2%、8.1%。属于地方税的税种有建筑地产税、非建筑地产税、房地产税、专利税、国家转移的工资税、财产转移税、娱乐税、电力税、海外领土海洋税等。2003 年，在国税和地方税总额中，所得课税、消费课税和资源课税分别占 37.3%、41.2%、21.5%。[①]

财权下放，地方实际可支配财力提高后，如何加强对地方政府的监督、防止公共资金滥用是理论界广泛关注的问题。有学者研究发现，财政分权的程度高低与腐败现象呈现正相关，地方政府比中央政府更容易发生腐败行为（Tanzi，2000）。因为地方政府官员拥有较少的提升机会，工资较低，通常比中央政府官员缺少自律。法国的分权改革成功之处主要在于权力下放的同时完善了对地方政府的监督机制，有效防止了分权改革带来的中央对地方的失控，避免了公共资金的滥用。分权改革前，法国中央政府对地方进行直接控制，中央与地方是一种行政监管关系。分权改革后，地方议会机构变为"议政合一"的机构，议会主席为辖区最高行政长官，中央派到地方的大区长、省长作为"共和国专员"，主要负责国家法律和法令的执行，管理与国家利益相关事宜。中央政府对地方的事前行政监管改变为事后依法监督，地方政府只要依法行事就不会受到中央政府的干涉，也无须得到中央政府的事先批准。为了加强对地方政府的财政监督，分权改革中新设立了大区审计法院，《权力下放法案》规定："在各大区设立审计院，大区审计院成员具有法官身份，其职务具有不可罢免性。"大区审计院由设在巴黎的国家最高审计院垂直领导。其成员由最高审计院提名任命，院长由最高审计院

---

① 倪志良，王洪涛. 发达国家财政分权实践对我国的启示 [J]. 国家行政学院学报，2007 (6)：96 – 99.

院长提请总统任命，以此保证审计院的权威性以及审计活动不受地方政府的影响。

总而言之，法国作为西方发达国家，在反腐倡廉方面积累了丰富的经验，但也存在一些问题，如在体制上，存在着零碎和散乱的问题，没有一个全国性的统一机构；在机制上，各反腐败部门存在着协作不够、信息沟通不畅等问题，缺乏合力；在性质上，主要和各大政党的政治斗争交织在一起，带有明显的功利主义色彩。总体来讲，法国廉政建设瑕不掩瑜，其至少在一个西方大国构建了一套行之有效的国家廉政体系，特别是其注重预防的反腐败理念、推进制度创新的举措等在实践中取得了较好的效果。

3. 荷兰廉政建设模式

荷兰的财政监督形式是司法监督，按照宪法及专门法审核国家财政预算。税收和财务的执法主体是独立于行政之外的审计法院。

（1）荷兰的财政政策。荷兰是财力高度集中的国家，中央政府集中了90%以上的财政收入，实行中央集权基础上的转移支付制度。荷兰王国政府主管全国性社会公共事务，承担国防、外交、安全、高等教育、社会保障、跨区域的重大基础设施建设等方面的支出。中央政府以下设省、市政府，市政府具有管理本级和对上级负责的双重职能，提供包括基础教育、文化娱乐、医疗卫生、环境保护在内的公共服务和城市市政管理。地方政府的收入来源主要是财产税，其次是场地税、狗税、停车费、垃圾费等几项零星收入。这种高度集权的财政体制使中央政府在实施财政政策、充分行使各项管理职能方面表现出了较强的统筹运作能力，但也在一定程度上助长了地方政府的依赖心理。

（2）严密的监察体制。荷兰虽是君主立宪制国家，但国家权力架构还是按照三权分立的原则来建立的。议会、内阁和法院这三大机构相互补充、相互制约，而荷兰对政府和公务员行为的监察机构在这三大子系统中均有体现。在议会和政府之中，独立的监察机构的存在可以极大地降低腐败发生的风险，而法院本身就可以充分地保障公众监督权的落实。

在荷兰的议会系统中，监察专员和审计院是专门的监察机构。类似西方其他国家的监察专员制度，荷兰的监察专员也是独立于政府之外，对议会负责。监察专员的主要工作就是以客观的角度来评价政府的行为，保证政府的廉洁。监察专员也有义务受理来自民众对于政府部门或者某个政府工作人员的投诉，是议会和民众监督政府的重要保障之一。审计部门是国家对公共部门进行经济审计的专门监督机关，它对于监督公共部门及其领导人正确运用权力，保证国有资产使用的合理性、合法性，促进干部为政廉洁，预防和打击职务腐败行为，起着不可替代的作用。荷兰审计院负责对政府的财政行为进行专业的审计，虽然荷兰的议会对政府的财政具有审议和表决权，但毕竟议会不是专门的审计机构，而且也不可能详细地了解政府每笔花销的去向。审计院的工作就是为议会对政府财政的监督提供技术上的保证，审计院对政府的财政进行专业的审计，再将审计之后的数据进行分析，为议会的监督提供技术保障。

行政部门的监察机构是内政部和司法部，而且各部门的部长对于本部门的工作人员的腐败行为负有责任。内政部负责对公务员队伍进行管理，而廉政建设是他们的工作重点之一。司法部则负责对公务员腐败行为的调查，拥有较大的权力。当公务员的腐败行为被发现后，也是由司法部向法院提起公诉。为了保证腐败行为得到切实的查处，荷兰的法院系统有行政法院这一专门的分类。荷兰的法院包括普通法院和行政法院两类，前者受理一般案件，而行政法院则是专门受理和审判公民或者社会机构对政府侵权行为的起诉。

（3）独具特色的公务员制度。通过各种形式的综合改革，力争使腐败的空间压至最低，这是各国反腐的共同选择。相比其他西方国家，荷兰的公务员制度虽有着很多的共性，但处处透露出与众不同。当然，每个国家都有着自己独特的历史文化传统和社会通行的价值观念，对一个国家制度的复制不一定会成功，但一个成功的制度带来的启发往往是另一个成功的起点。

从数量来看，统计数字显示，2012年荷兰共有106万名各级政府公务员，而荷兰人口总数多年来一直保持在1 700万人左右，也就是说荷兰的公务员人数约占总人口数的6%，而在这些公务员中近10%的人在中央政府直属机构就职。① 可以说，整个荷兰的公务员数量相对来说还是比较庞大的，因此，要管理数量如此庞大的公务员队伍，没有一套标准可行的制度是不行的。在公务员录用方面，荷兰没有统一的公务员考试，而是采用内部招聘这一独特的方法。对于那些想获得提升或者转换工作的人来说，内部招聘给他们提供了绝佳的机会，这种方式使得公务员在职位流动上获得了一定的自主权。对公职招聘采用类似企业招聘的方式，在世界上也属特别。因为一般来说，公职人员工作岗位的变动往往只能依靠奖惩升迁或者社会化考试。而荷兰特立独行，如果在规定期限内没找到合适人选，才会采用对外公开招聘的方法。对于招聘进来的工作人员，荷兰的制度也是十分特别的，荷兰的临时性公务员和获得终身签约的公务员在福利和待遇上是没有任何区别的。也就是说，无论你选择签订临时性的合同还是终身合同都不会影响到你的升迁奖惩。

荷兰也对公务员进行制度化的管理。《公务员集体劳动协约》是规定和制约公务员的主要法律法规依据，它对公务员的工作时间、假期、患病、权利与义务以及工资级别等方面有着详尽的规定。对于公务员行为，《公务员集体劳动协约》有着详细的规定，如只有在征得上司许可的情况下，公务员才可以接受价值 50 欧元以下的礼品，而超过 50 欧元则是禁止接受的。其对于公职人员行为的规定，已经具体到详细的数额等这些细微方面，可见规定之细致。

与西方国家奉行的高薪养廉不同，荷兰公务员的工资水平不能算作是特别高。在荷兰国内，一般公务员的工资甚至比不上一些基础工作的薪水高，很多公务员甚至把自己的公职当作一项兼职来做。荷兰公务员的工资标准共分 18 级，而每一级又可细分为 10 到 13 阶。就实际运行来看，每级之间的提升幅度都不大。举例来说，第一级工资在 1 467 ~ 1 819 欧元，第十级提升到 2 397 ~ 3 852 欧元，最高的 18 级，已经高达 6 530 ~ 8 541 欧元。中低层的荷兰公务员的工资性收入是比较低的，只有较高层的公务员工资收入较高。当然，必须注意的是，荷兰公务员的工资水平相比西方其他国家普遍推行的高薪养廉政策所制定的工资水

---

① 贺邦靖. 国外财政监督借鉴［M］. 北京：经济科学出版社，2008.

平，并不算高。而实际情况证明，高薪养廉政策是有一定效果，但不能根本解决问题。不少情况是事与愿违，高薪并没有达到养廉的目的。可以说，荷兰的低薪养廉政策带给我们的思考还是很有冲击力的。

从整体来看，荷兰公务员政策中强硬的政治手段相对较少，是一种充满人本主义的架构，处处体现着以人为本的国家核心价值理念。近年来，荷兰政府开始尝试把某些私有化企业的竞争机制逐渐地引入公务员培养和监督过程。但这些竞争机制相对而言也是相当温和的，荷兰民族的温和情调在公务员的制度构建中一直发挥着原则性作用。荷兰拥有极其完善的社会福利制度，这为荷兰独特的公务员廉政制度提供了物质基础。在雄厚的物质保障前提下，荷兰还以个人为单位，以不同个体的具体需要为切口，从需求满足的角度提供个体性的反腐方案。当然，这一切的基础还是要从公务员的社会职业分类入手，在结合个体情况的前提下，科学地划定职级种类。把受雇者的受教育背景、职业经历等相关因素同职级岗位需要和收入水平有机地结合起来，实现了社会性的能、劳、绩形式上的统一。

（4）公开透明的政府。在荷兰，公务员的公务支出受到严格的控制，而这种控制甚至已经延伸到小额支出的程度。除去政府全额报销的费用，在荷兰，凡是与公务相关的价值超过 50 欧元的花销公务员都必须申报，包括礼物、宴请等。当然，荷兰也存在公务宴请的情况，但这种支出受到严格的控制。荷兰政府官员可以申请公款宴请，但标准必须低于 50 欧元每人，而且报销的手续十分烦琐，宴请人必须附上原始凭证，说明宴请缘由、宾客名单和职务等。

网络作为一个快捷、高效、自由的公共平台，承载了公众对公权力的关注，并以其方便快捷、互动性强、信息容量大、传播速度快、意愿表达自由等特点，在加强公权力监督、促进反腐倡廉建设中日益发挥出独特的重要作用，成为当前一股新兴的不容忽视的反腐力量。对政府高官的公务花销，荷兰就充分利用了网络的力量。2013 年 2 月，荷兰政府作出了一项促进"透明执政"的决定，荷兰首相及全部大臣、国务秘书和高级官员的公务开支报销将全部放到网络上，接受民众的监督。

公开透明是为了方便社会的监督，只有对社会的监督具有保障的公开才是有意义的公开。为了充分保障民众的知情权，荷兰在立法等多层次采取措施，如重要的《信息自由法》就在荷兰公民对政府的监督中广泛发挥作用。在荷兰，如果有公民想知道一个官员的相关信息，可以依据这部《信息自由法》，向政府提出相关申请。因为法令明确规定，荷兰的公民、记者和研究人员有权查阅政府文件。在荷兰，媒体曝光和质疑官员的公费支出的情况也是不胜枚举。2013 年 2 月 11 日，荷兰安全与司法部国务秘书特文与两位议员共进晚餐，三人共消费 185 欧元；7 月 4 日，外交大臣提玛曼斯与其他四人共进工作晚餐，五人共消费 425 欧元……这些细致入微的小事都会严格处于社会的监督之下。

（5）自由平等的社会文化。一个国家的社会文化氛围和公民性格往往对廉政文化的形成起到决定性的作用。而荷兰可说是当今世界文化氛围最轻松、最自由的国度之一，这种特有的文化给廉政文化的建设提供良好的基础。以与腐败问题联系密切的官员特权为例，特权观念在荷兰基本不存在。荷兰宪法的第一条就规定："在荷兰，所有人都应在平等条件下受到平等待遇，不得因宗教、信仰、政治观点、种族、性别的不同或其他任何理由而受歧视。"在社会生活中，也能体会到这种平等、自由、包容的文化。在荷兰，有句俗语，"举止正常，就够显眼的了"。的确，无论是政党、宗教、企业或者个人，没有谁可以凌驾于别人之上。

对于每一个踏上荷兰国土的人来说，都有权利享受这种文化。每个城市政府办公楼都是完全开放的，人们可以畅通无阻地走进市长办公室而不必担心安保人员对你的排查；当你在超市排队买东西或者在店铺接受服务时，工作人员根本不会有因为你是高官而允许插队的想法，按顺序排队是通行的价值观；普通的百姓受邀参加部门会议的事情更是平常，公民甚至可以直接给该部门的部长提意见。在荷兰，很多人甚至把公务员当作一项兼职来做。

荷兰的这种崇尚平等、淡化特权的文化氛围本身就是一种良好的廉政文化。在一个公务员眼中，他的公职和在公司中的职位并没有本质的不同，都是属于依靠劳动获取报酬。一个人的社会地位绝不会因为他是公务员而有任何的提高。

4. 比利时廉政建设模式

在市场经济国家，预算是国家的重要法律，也是最重要的年度经济计划，政府的各项活动，都必须受到预算的制约。因此，比利时议会和政府对预算的编制和执行都极其重视，希望以最少的资金投入来取得最大的社会经济效益。在这个过程中，形成了一整套严格的预算编制程序和管理办法。特别是近年来，比利时积极推行的预算管理改革，使公共财政的管理水平跃上了一个新的台阶。比利时的预算管理主要遵循五项原则：一是法律原则，即预算以法律为基础，具有合法性；二是年度原则，即预算必须每年进行编制；三是财政普遍性原则，即财政用于公共事业方面，而不是为个别人服务的；四是专款专用的原则，即不能擅自挪用和占用；五是公开性原则，预算要公开，有利于公众监督。

比利时预算管理过程分为预算编制、预算审议、预算执行和预算调整四个阶段。每年的 4～10 月为预算编制阶段，在编制过程中，财政部派驻各个部门的监察员对各部门编制的预算报告进行审查。10～12 月为预算的审议及批准阶段。预算报告提交国会进行反复讨论，最后经国会批准后生效，即作为法律由政府严格执行。预算一旦通过，除非经过国会批准，只能执行，不能更改。每年的 1 月开始执行本年度的预算。在预算执行过程中，如果因为特殊原因而需要对预算进行调整，财政部及各个预算部门负责人不能越权处理，必须向国会提交修改意见，并获得国会批准，才能对预算作相应调整。各个预算部门的部长按照预算严格控制开支。财政部派驻各个部门的监察员对预算执行以及每一笔开支进行监督和检查。也正是由于对预算执行实行了严格的管理，其预算执行结果与预算基本一致，所以决算就显得不那么重要。在比利时，决算报告可以在三年后公布，而不必每年进行报告。

（1）加强国库管理，提高财政资金运转效率。对财政资金实行单一国库账户管理，是加强财政资金管理的重要手段，也是市场经济国家的一般做法，即政府所有的财政资金集中于国家国库进行统一管理，所有财政支出均通过国库与银行支付系统直接拨付给商品供应商或劳务提供者，并对国库实行现金管理制度。比利时国家银行作为国家总的现金出纳银行，对国库进行统一的现金管理。

①通过国库进行资金拨付。在国库开设的国家财政账户共有 2 000 多个，此外还包括一些其他账户，如社会保障账户等。国库管理的收入主要包括税收、非税收入以及其他来自社会保障机构的收入；支出包括对地区的部分转移支付、工资和养老金、对社会保障机构的转移支付、部门所购买的商品和劳务的款项支付等。与国库对应的是银行同业支付系统，国库通过该系统控制实际资金支付方式，对支出部门的每一项支出进行管理和监督。国库每日进行结算，余额存入比利时国家银行的国库账户。

②通过比利时国家银行进行资金划拨。对于其他方式运作的资金流转、财政资金流转以及其他管理性资金，则由比利时国家银行进行实际资金支付，例如，对欧盟的资金往来以及一些以外币为支付货币的款项。此外，政府发行的长短期国库券以及政府票据也通过比利时国家银行进行运作，这些运作还包括在二级市场的操作和回购等，以提高财政沉淀资金的效益。一般来说，纳税人根据有关规定，可将应缴税款和税款单缴至任何一家授权的商业银行或金融机构，商业银行或金融机构将纳税款通过银行支付系统划入国库银行。政府支出的过程是根据支出部门开出的购买商品或支付劳务费的支付凭证或由国库部门签发的支票，经有关部门核对之后，从国库银行统一划拨。例如，政府的某个部门需要购买一些办公用品，必须由国库银行统一支付，而不是由该部门直接付款。实行国库单一账户管理可以减少资金拨付环节，从而集中使用政府财政资金，建立高效的国库资金运行机制。

（2）注重事前防范，从源头上制定法律法规。比利时的监督监察工作与大部分欧盟国家相似。一是由议会对政府监督，众议院设有政府监督专门委员会，主要针对政府高层人员进行监督；联邦审计院独立于政府，院长由国会任命，向议会负责。二是政府加强内部监督，实行行政首长负责制，各部门均设有纪律监督局，对行政首长负责。预算部、财政部等部内业务性的稽查局也具有与业务有关的纪律监督职能。比利时比较重视民间组织的监督作用，积极与国际透明组织合作。国际透明组织作为非政府组织，在全球范围内开展腐败问题产生的背景、动因、手段、现状以及反腐败对策等方面的调查，并将调查成果公布。由于是站在民间的角度上调查和反映问题，不受当政者的影响，该组织认为，反对贪污腐败的工作重点应放在唤起民众的监督意识上。

　　欧盟各国重视舆论监督，倡导新闻自由，通过新闻界揭露腐败。他们取消了对新闻出版的事前监督和检查，取消了"警治"制度，改用"事后审查"和"追惩"制度，最终实现了依法管理新闻媒介。加强对高风险部门和岗位分析评估与监督，保证了监督重点。比利时的监督机构在监督实践中的一个成功做法就是进行风险分析。这有两层含义：一是有些领域或部门，如建筑领域、医药医疗器械购销领域、办理证照的部门，管理援助款的部门、军火采购部门，是行贿受贿的高风险区域，要加强监督检查；二是有些部门管理不够好，是高风险部门，如在稽查中发现某部门错误工作比例超过3%，即管理不善，就要出报告提出批评，要求改正。改正不好就将其列入高风险部门，而另一些部门管理较好，就是低风险的部门。

　　总体来讲，比利时的监督监察工作取得了较好的成效，腐败得到了一定的遏制。

第三节　北美国家

1. 美国廉政建设模式

　　（1）美国财政分权制度。财政分权理论的发展表明，财政分权是在假定中央政府存在的前提下来论证设置地方政府并赋予其一定权力的合理性和必要性。纵观美国的经济发展历史，其财政分权实践并非由最初的在集权形式下获得一点生存空间而后再逐步发展壮大，而是有其特殊的发展道路，实现了从最初的松散的邦联制财政→二元联邦制财政→联邦政府集权得到加强→规范的财政联邦制形式的转变。

　　①事权与财权划分明晰，财权与事权相匹配。美国各级政府财政支出责任划分如下：国防、外交和社会保险完全由联邦财政负担；失业补助、公路、医疗、公共福利主要由州一级财政负担；针对住房、城市建

设、教育、医院和警察支出，则由地方一级财政承担较大责任。各级财政的支出范围及其比例又是完全符合美国联邦宪法中有关各级政府的事权规定的。美国各级政府事权划分相当明晰。比如，美国的双重司法体制包含联邦司法体系和州司法体系，其中，联邦司法体系依靠联邦财政资助，所有联邦法官都由总统直接任命，不受州政府的影响。州司法体系依靠州财政资助。正因为如此，联邦司法体系中的地区法院和巡回法院才可以摆脱州政府的行政影响，独立公正地处理州际商务问题，从而在维护美国国内统一大市场、打破地方保护主义方面发挥了重要作用。在财权划分方面，各级政府收入构成如下：联邦政府主要征收各种所得税，包括个人所得税、公司所得税和社会保险（工薪）税；州政府主要征销售税；地方政府主要征收财产税。三级政府以税率分享形式征收个人所得税、公司所得税、销售税。这种划分收入方式考虑了税种自身的性质特点，也考虑到了各级政府自身的职能。如联邦政府承担了收入分配和宏观经济稳定的职责，与此相适应，将具有收入再分配功能和稳定宏观经济功能的所得税划归联邦政府。这也是财权与事权相对应原则的要求和体现。地方以财产税为主体则是考虑了财产税税基的流动性弱、方便地方政府征管的结果。在美国，三级政府之间收入与职责划分清楚、各司其职，各级政府支出主要依靠自己的收入来源进行融资。西方财政理论与实践表明，绝对的分权和绝对的集权都不是最优，过度集权与过度分权都不可取，应走折中的道路。理想的财政关系模式应妥善处理集权与分权的关系，坚持适度集权兼合理分权的原则，既要确保中央的宏观调控，又要考虑地方自主权，充分利用中央与地方政府各自的角色优势，调动两个方面的积极性。在强调中央宏观调控时，不能以牺牲地方自主权为代价，在强调地方自主权时，不能以牺牲中央宏观调控为代价。在这方面，美国的模式处理得比较好。在资源配置方面既有集权，又有分权。在宏观调控方面，实行完全集权。在收入分配方面，适度集权兼适度分权，即收入分配职能以联邦为主要责任主体，地方政府也履行了部分职能。

②转移支付制度科学合理，纵向横向财政相平衡。作为一种协调机制，美国的政府间转移支付制度在实行两个财政平衡方面发挥了重要作

用。美国的联邦和州向下级政府的拨款分别占州和地方政府财政收入的
25％和34％，而且大部分是有条件拨款（20 世纪 90 年代初占 90％以
上）①，联邦向地方政府的转移支付主要用于卫生、社会保障、教育培
训、交通、教育、住房、社区发展、废物处理设施和机场建设等，在补
助方式上最常用的是有限额的配套补助。通过这种有条件拨款形式，联
邦可以有效地介入地方事务，解决美国特有的城市内部问题。因为在美
国，低收入人口聚集在大城市中心，中产阶级的白人迁往郊外，都市内
失业率、贫困率、犯罪率和单亲家庭的比例居高不下，而解决此类问题
依靠专项拨款比无条件拨款更有效。这样，美国联邦政府保证了各地方
能够提供达到一定水准的公共服务。专项拨款较好地体现了联邦政府的
政策意图，也较好地解决了地方公共产品的外部性问题。另外，在美国
有一套科学的指标来计算各地实际所需的转移支付数额。随着信息技术
和统计技术的发展和应用，转移支付计算增加了大量依据客观因素确定
的客观变量数据，如人口及构成、土地面积、学生入学率、健康指标及
现有基础设施水平等。这样就最大限度地减少或避免了地方政府的扭曲
行为，确保了转移支付额确定的客观与透明。

　　③分权与制衡并存，助力财政分权效率提高。在美国除了上下级政
府之间存在分权与制衡之外，在同一级政府内部的各部门之间也存在分
权和相互制衡。例如，联邦一级的立法、行政和司法三个部门相互独
立，国会议员由选举产生，总统无权解散国会，总统由间接选举产生，
对宪法负责，联邦法官由总统任命，同时，国会议员、行政官员和法官
不得相互兼任。这是三权分立的集中体现。为了防止权力的滥用，宪法
还规定了一整套三部门权力相互制衡的具体条款。如立法权属于国会，
但总统有立法否决权，国会又可以推翻总统的否决，法院有权宣布国会
制定的法律无效。行政权属于总统，但政府预算、高级行政官员的任命
等，均须由国会参议院批准；法院有权宣布总统行政命令因违宪而失
效。司法权属于法院，但法官的任命由总统提名参议院批准。国会有权
规定各级联邦法院的法官人数，弹劾法官，推翻最高法院的判决。这种

---

　　①　甘行琼，汤凤林．美国财政分权的效率分析［J］．中南财经政法大学学报，2004（5）：
91－95＋144.

三权分立与制衡最大限度地减少了国会、总统或法院专制的情况。这种分权与制衡的体制和精神在美国的联邦预算过程中得到了集中的体现，确保了美国预算机制的规范与效率。美国联邦预算的编制和最终形成要经过总统预算编制和国会立法程序两个阶段。每年3月，各有关机构和部门开始预算准备工作。6月前，总统根据行政管理和预算署（Office of Management and Budget，OMB）、财政部、经济顾问委员会和联邦储备系统的有关资料，确定预算的总指导原则和各机构的预算规划指标，由行政管理和预算署下达给各机构，各机构据此编制各自的预算估计并上报OMB。9~11月，OMB审核这些预算后，汇总和形成总统的预算建议。次年1月，总统将预算咨文和下一财政年度的政府预算提交国会审议。国会收到总统预算建议后将它同时提交给两院各专门委员会和国会预算局，由它们分别提出建议。两院预算委员会在4月15日向各自议院提交第一个共同预算决议案，两院审议后在5月15日形成国会的第一个预算决议（不具约束力）。该决议通过后，两院拨款委员会、参议院财政委员会和众议院筹款委员会即按照此决议规定的指标起草拨款和征税议案。国会在劳工节后第七天完成所有拨款议案的立法手续，并在9月15日通过具有约束力的第二个预算决议，对不符合该决议总指标的议案，送两院预算委员会调整，国会在9月25日前完成议案的立法手续。同总统预算编制过程相比，国会立法程序更是一个政治过程。各种政治力量、利益集团无不卷入，参与竞争，力求影响预算，谋求各自政治利益和经济利益的最大化。可以说，整个预算的形成也就是各利益集团对预算的影响达成均衡的过程。各州及地方政府的预算编制也大致如此。这种分权制衡的模式至少从形式上体现了一定程度的公平竞争，使得那些只符合某个集团利益的议案无法通过，也使得少数人有机会否决他们强烈反对的方案，因而从某种意义上保证了预算的效率。由此可见，"三权分立"下制订和形成的政府预算制度具有较强的客观性、公正性、严肃性，使得预算执行也有较高的透明度和稳定性，这一切都有助于规范各级政府的财政行为。

④地方政府高度自治，保障政府行政效率。在美国，宪法只赋予了联邦政府有限的权力，大部分权力保留在地方政府和人民手中。自治制

度在地方一级得到广泛发展。地方自治又以直接选举为基础，选民直接参与并监督政府决策，民选官员必须对选民负责，必须接受来自民间各种机构的监督。每年的地方政府预算讨论及每次地方政府会议，选民都可以自由旁听。与经济上的市场经济相对应，美国政治领域也存在政治市场。美国地方政府的组织结构的运作机制如同现代公司的法人治理结构。地方政府组织结构中，选民、市长和市政理事会相互协调、相互制约，形成了合理的政府治理结构。这就从体制上确保了美国地方政府行为的规范和透明。在制度设计上，美国政治家的任期不长，有利于强化政治市场的监督，减少官僚主义和腐败。

⑤完好的法律保障，提升国家财政分权效果。美国拥有完善的法制体系和优良的法治传统。当年美国殖民者发现新大陆时，必须修筑的两个建筑就是教堂和法庭。美国早期阶段的"政府"，并不是传统意义上的中央集权的政治实体，而只是一个政治市场，是各种利益集团斗争和交易的场所。美国历来就有"重经济"和"重法治"的传统以及由此派生的"实用主义"和"个人主义"精神。美国宪法作为唯一的一部没有中央权威干预的宪法，限制了政府无限扩大其权力的倾向，内含着一种"自动效率机制"。宪法精神贯彻到各部法律包括政府财政关系法中。这种良好的法制传统、法制环境和法治精神为规范财政分权提供了外部条件。美国以立法原则代替行政干预，建立政府间财政关系。无论是财权、事权的划分，还是政府间转移支付制度都有明确的法律依据。这确保了政府间财政关系的稳定性，规范了各级政府的行为，可以有效防止联邦政府随意转移支出责任或上收财权，有助于建立地方政府对联邦的信任，省去地方政府不必要的顾虑，确保地方预算支出的稳定性和可预测性，明确联邦与地方各自的权责，便于各级政府进行合理的角色定位，集中精力完成各自的职能，提高财政行政效率。

（2）美国财政监督制度。按照美国宪法的规定，财政权是国会的一项最重要的权力，主要包括征税、举债、拨款的决定、审查、批准和监督。在19世纪上半叶以前，国会对财政监督的效力还很差，政府部门立项比较随意，时常挪用、多用拨款，在账目上蒙骗国会。从19世纪下半叶开始，国会开始建立起授权和拨款相结合、详细分项、注重检查的财政监督程序。

①对预算形成的决定和监督。

第一，接受总统的预算报告。按照 1974 年《预算和扣款法》规定的预算程序，总统要在本财政年度开始实施 40 天之后（11 月 10 日），根据各个项目的实施进展状况和拨款额向国会提交关于下一财政年度继续实施各个项目所需要拨款额的报告；在本财政年度开始实施 110 天之后（次年 1 月 20 日左右），总统要向国会提交下一财政年度的预算报告。预算报告草案由联邦管理预算局和财政部分别编制，联邦预算管理局主要是根据政府各部门在下一财政年度的计划编制"支出总预算"，财政部主要是根据以往收入水平、经济发展现状和预期编制"收入总预算"之后呈送总统审定。预算报告通常包括三个部分，第一部分为国情咨文，第二部分为具体预算科目，第三部分为重点说明和分析。按照 1985 年《平衡预算和赤字控制法》的要求，总统提交预算报告的日期提前到 1 月 3 日后的第一个星期一之前。

第二，拟订授权法案和拨款法案。按照预算程序，在总统提交预算报告之后，众参两院各委员会、小组委员会可以就预算报告中自己职责范围内的部分举行听证会，传唤相对应的联邦各部部长、各机构首长及其财政助理到国会作证，并通过国会各个助理机构收集有关资料。国会预算局要在 2 月 15 日之前向两院的预算委员会提交报告，对未来 18 ~ 24 个月的经济发展趋势进行预测，并向国会提供一个"预算基线"，即国会在预测期内不采取任何新政策所可能达到的收入和支出数额。2 月 25 日，各委员会向本院的预算委员会提交自己的预算评估报告。4 月 1 日，两院的预算委员会向本院提交初步预算共同决议案，该决议案在总统预算报告的基础上，提出国会自己拟订的预算授权总额、预算收入总额、预算支出总额、国债总额、预算赤字或盈余总额，以及 19 个部类（如能源、健康、国防、外交等）分项预算总额（通常为最高限额），为国会新财政年度预算提出总体安排。4 月 15 日，国会两院分别表决初步预算共同决议案。初步预算共同决议案通过后，众院各委员会根据初步预算共同决议案分配的授权目标，拟订各自对口的机构和项目的授权法案；众院拨款委员会 13 个小组委员会在初步预算共同决议案的框架内，分别拟订拨款法案。

第三，审议通过预算案。按照预算程序，授权法案和拨款法案拟订完毕，众院全院大会从 5 月 15 日开始审议。众院预算委员会根据有关委员会拟订的授权法案和拨款委员会拟订的拨款总报告，向全院大会提出各项拨款法案。全院大会接下来对各项拨款法案进行辩论、修正和表决。参院拨款委员会审议众院送来的各项拨款法案，并向全院大会提出报告。全院大会接下来对各项拨款法案进行辩论、修正和逐项表决。如果两院意见不一致，还要组成联合委员会进行协商和完成最终表决。如果最后形成的授权法案和拨款法案与原来通过的初步预算共同决议案不一致，还要通过新的预算共同决议案，或者增加征税总额，或者削减支出总额，对预算方案进行"调整"。凡是修正现行法案所定经费额的叫"调整法案"，凡是修正未经总统签署的法案中所定经费额的叫"调整决议案"。"调整法案"和"调整决议案"一般都是删减项目、削减支出，也要由两院大会辩论和逐项表决。两院通过的授权法案和拨款法案最后由总统签署。

②对预算执行的监督。

第一，临时拨款。由于美国预算的形成以国会为主导，如果在两院之间、国会与总统之间发生矛盾，短时期又不可能调和，总统就会否决国会通过的拨款法案。按照预算程序，截至 9 月 30 日，如果国会未能及时制定出授权法案和拨款法案，或者拨款法案被总统否决，国会应立即通过延续决议，参照上个财政年度开支情况，进行临时拨款，直到有关拨款法案通过为止。

第二，对税收、举债和预算变更的控制。财政收入是财政支出的前提，对税收和举债的控制，是国会财政监督的重要内容。在西方国家，绝大多数企业归私人所有，国家筹款的最主要形式是税收和举债。因此，几乎所有国家将税收和举债权力赋予国会，以便控制行政机关的筹款活动。在美国，只有众议院可以提出征税和举债法案，征税目的是"偿付国债，并筹划合众国国防和全民福利"，政府和其他机构均无权提出征税、增税或者减税和举债。另外，美国法律对变更预算程序也进行了严格规定。按照有关规定，预算变更须经 1/3 以上议员同意方为有效。未经国会批准而修订预算的行为，须负法律责任。

第三，对拨款的控制。国会对预算执行情况实行监督最有效的途径是拨款。19世纪以来，美国众议院设立了许多委员会，涉及军队、安全部门等所有机构和项目，控制和监督预算执行情况。按照预算程序，授权是财政监督的第一关，拨款是财政监督的第二关。国会通过授权法案只是同意立项（规划目标和手段），真正拿到钱还需要通过拨款程序。即使在预算法案生效之后，要完成拨款活动，仍须国会批准。除非根据拨款法案，否则谁也不能从国库提取款项。拨款程序规定了拨款的具体用途、拨款时间时效、拨款数额上限，拨款调剂限制等。在制订授权法案过程中，国会委员会可以要求有关单位提交进展报告或者陈述工作，检查预算执行情况，获满意后才能获得进一步的拨款。政府的任何一项新的计划成立并得到执行，必须经过国会授权法案和拨款法案的双重控制。预算执行中的开支必须经过审计总署核准，证明开支款项经过国会立法并符合经国会批准的拨款限额。

③对预算执行结果的审计和监督。

第一，派驻监察代表对预算执行结果进行监督。为了加强对预算执行结果的监督，美国国会向各个行政部门派驻监察代表，对所驻部门实施国会授权项目的情况和预算执行结果进行监督，全面、经常地检查政府使用国会拨款的效益。监察代表每半年向国会送交一份监察报告，列举所驻部门工作中严重的舞弊、浪费、低效和滥用职权问题，并提出改进意见。发现异常情况，监察代表随时向国会提交特别报告。

第二，审计总署对决算进行审计。在美国，审计总署独立于总统和行政机构。由于一系列涉及到审计总署功能职责的修正案的通过，审计总署从过去仅对国家机构的财务进行审查扩大到对所有财政预算开支进行审查、对国家决算进行审计。审计总署有权审计联邦财政预算执行结果，有权审查联邦各部门和公共机构的内部财务、收入和支出状况及其合法性、合理性、经济效果。总审计长根据国会的需要，还可以组织对某些部门、特殊项目进行特别审计、检查、质疑。审计总署的审计师们也常常作为证人出席国会的监督听证会。众参两院的委员会更是经常因专业所需，向审计总署借用审计师为其全日制地开展工作。为了强化审计总署协助国会对决算进行审计的功能，国会通过立法赋予审计总署主动进行审计的职权。审计总署可以定期检查政府各部门管理和使用国会拨款的结果，可以就联邦资金使用状况和效率发表独立评论，向国会报告预算执行结果和决算审计情况。

第三，国会委员会对预算执行结果进行评估。按照法律规定，在接到派驻监察代表关于预算执行结果、审计总署关于决算审计报告后，众参两院各委员会特别是拨款委员会、公共账目委员会，都有权运用调查、费用分析、效率研究等方法，通过听证会等形式，对预算执行结果进行评估，并向全院大会提交评估结果的审查报告。必要时，国会还要对评估结果的审查报告进行辩论和表决。在实际运行中，评估结果往往会影响到有关机构、项目下一财政年度是否能够继续获得拨款。国会往往通过切断或者减少拨款的办法废除那些没用或者没有效率的项目；通过增加拨款或者特别拨款的办法，支持那些执行好的项目。如果发生严重问题，还要追究有关责任人的政治责任和法律责任。

2. 加拿大廉政建设模式

（1）财政分权。目前主流文献中对财政分权的度量主要有三种方法：一是财政收入分权指标，用下级政府的财政收入份额来刻画财政分权程度；二是财政支出分权指标，用下级政府的财政支出份额来刻画财政分权程度；三是采用地方政府自有收入的留成比率指标来衡量财政分权程度。

①财政收入分权。目前，财政收入分权程度由低到高依次是美国、加拿大。除两次世界大战的特殊时期外，美国和加拿大两国收入分权率呈现出稳定、缓慢增长的趋势。在 1950 年，美国和加拿大财政收入分权程度相当，之后保持基本相同的上升趋势，但总体来说加拿大的分权程度上升更快。从 20 世纪 60 年代中期开始，加拿大的收入分权程度已经超过美国。

②财政支出分权。财政支出分权程度由低到高依次是美国、加拿大。美国支出分权率从 1950 年约 60% 缓慢上升，到近年维持在 90% 左

右，期间仅有个别年份超过 100%。加拿大分权率水平与美国相当，基本保持上升趋势，近年达到约 160%。

③财政自给率。1950 年以来，美国和加拿大财政自给率均在 100% 左右小幅变动，联邦以下政府能够基本维持自身财政支出需求，对上级政府的财政依赖程度较低，能够拥有较大的自由裁量权。加拿大在 20 世纪 70 年代后开始出现略高于 100% 的情况。加拿大各级政府都有自身相对独立的优势税种，能够基本保障其职能的发挥。根据加拿大宪法对联邦政府和省政府的立法权划分，联邦政府享有国内直接税和间接税的征税权，省政府则享有省内直接税征税权，这项规定实际上对政府间的收入分享进行了划分。目前，在加拿大宪法框架下，其政府税收权已经实现较大程度分权，除关税和省际间交易税外，省政府与联邦政府拥有相同的税基，可以征收相同的税收。这种政府间共享税收权力的做法使加拿大的税收体系格外复杂。加拿大联邦政府独享税有国际贸易税，省政府独享税有对薪金和劳动力的课税。共享税有联邦与省政府共享税有所得、利润和资本利得税，其中，联邦分享 61% ~63%，省政府分享 37% ~39%。联邦、省和地方政府三级政府共享税有商品和劳务税，三级政府分享比例分别约为 34%、65%、1%。省政府和地方政府共享财产税，省分享比例约 13%，地方政府分享约 87%。另外还有其他税收由省政府分享 99% 以上，地方政府分享约 0.5%。在实行税收分享之后，加拿大三级政府分别占税收收入的比重约为 44.4%、44.3%、11.3%。[①]

加拿大各级政府都有明确的职责划分，各司其职。由于加拿大这一协作型联邦制度背景，较难具体描述并总结加拿大不同级次政府在公共服务供给中的作用。当需要提供某项公共服务时，多由涉及该项公共服务的地方政府、省政府和联邦政府就项目责任人、出资比例、具体实施管理等进行谈判。这种做法必然导致同类公共服务在不同地区供给时各级政府的具体责任分担、出资比例等都可能存在差异。但加拿大政府间责任划分仍有一定的基本规律。一是联邦政府主要承担全国性公共服务

①杨雅琴．中国与美国及加拿大财政体制比较［J］．上海经济研究，2017（2）：57-63.

及跨区域公共服务供给，例如，国防、外交，全国性、跨省区的道路交通基础设施建设，但跨区域公共服务需要与省区级地方政府进行合作。二是省级政府拥有几乎全部的省内公共事务的立法权，但省级更多的是一种政策制定者的角色，而具体的实施则由城市政府承担，所以省级政府独立提供的公共服务较少，多与联邦政府和地方政府合作供给公共产品。三是地方政府主要承担区域内道路交通基础设施、城市垃圾处理、下水道系统等大部分城市生活和城市化发展当中涉及的公共服务。

加拿大在政府收入方面，中央与地方政府间已形成政府间税收分享的结构，各级政府有其自有收入来源；在政府支出责任划分方面，各级政府具有较明确的责任分工，存在完全由联邦政府或联邦以下政府独立承担的责任，也存在由两级或两级以上政府共担的责任；在政府收入与支出责任匹配程度方面，加拿大政府三级政府收入与支出责任基本匹配，加拿大三级政府收入划分比重依次约为 36% 、51% 、13% ，支出责任比重依次约为 38% 、52% 、10% 。①

（2）财政监督。加拿大财税监督管理工作有比较详细的法律依据和规范成型的程序，基本上是财政部门负责对财税宏观政策执行情况和重大违法违纪问题进行监督管理，其他一般性的税收监督管理主要由税务部门负责。

①重视宣传教育，强调自觉纳税。在这方面，他们做了大量工作，采取了许多措施。一是实行普遍的纳税申报制度，凡公民、法人都有一个固定的纳税登记号，到应该缴纳税款的时候，必须主动自觉申报缴纳，否则就是违法。二是在税法和税收征收管理知识的宣传教育上下大功夫，认真细致地工作。除通过报纸、杂志等新闻媒介经常不断地宣传税法和纳税知识外，还大量印发详细的纳税申报说明书。如仍不清楚，则提供免费的纳税咨询电话或当面咨询，随问随答，并对残疾人纳税实行上门服务，做到不厌其烦。通过宣传和教育使每一个纳税人都知道自己应纳什么税、应纳多少税、怎样纳税、不如实纳税要受何种处罚、有

---

① 杨雅琴. 中国与美国及加拿大财政体制比较［J］. 上海经济研究，2017（2）：57 – 63.

何后果等，从而促使公民自觉申报纳税，增强其遵纪守法的意识。

②利用计算机技术进行财税监督管理。加拿大财税部门建有全国联网的计算机系统，处理大部分的预算拨款业务和税收征管及监督检查业务。财税部门非常重视计算机软件技术的开发运用。加拿大计算机软件可以自动对具体纳税人年内的纳税情况进行综合分析和监督检查，确认其当年是否如实申报纳税，如怀疑其未如实申报，即自动向纳税人发一份咨询书，询问原因，如无回应，工作人员就实地去做纳税户的工作，帮助、启发他们如实纳税。

③纳税监督检查的一般程序。纳税审查的一般程序是：编制年度审计计划和审计技术指导说明书；确定审计对象，根据财税部门、纳税人和第三者（如雇主、银行、交易所）等提供和掌握的信息，对纳税人的纳税状况进行分析，确定出审查对象；确定审查人员，依据纳税人经营业务繁简、金额大小、难易程度等，确定不同水平的审计人员，编成审计小组；用电话或书面通知被审查人；实施检查，检查可通过与纳税人谈话、到经营场地实地考察等活动，了解企业的效益、库存、经营状况、内部管理控制等情况，然后检查企业的账表凭证。他们认为，通过个别谈话、实地考察等方式了解和掌握某些纳税人（如现金交易者等）执行财经法规情况，比查账还重要，因为这些纳税人的账目根本无法查清，在审计检查过程中，无论采用何种方法，都要注意依法保护企业内部的经营秘密；对查出的偷税漏税等问题依法作出处理；如果纳税人认为查处有误，可向国内收入局申诉处申诉，由申诉处负责仲裁，每年发生申诉的比例约占审计数量的10%，纳税人也可以直接向法院提起诉讼，但工作中应尽量避免出现这种情况。

另外，为有利于公正履行监督检查职能，防止说情护短，避免重复审计，提高审计效率，还规定：对同一纳税人，一年只审查一次，一般不再审查第二次。对同一企业，同一个审计师一年只能审计一次，不能第二次审计同一个企业。在审查方法上，加拿大的做法是，凡年营业额25万加元以下的小企业，可以在税务机关办公室进行审计，由纳税人提供有关数据材料，这样做可以大大提高工作效率，一般审一个企业12个小时就够了，既省时又省力，效果较好；对那些年营业额在25万加元以上的大中型企业或公司，一般要组织强有力的审查小组，到被审单位去审查，并采取相应措施，保证审查工作顺利进行。

④对于偷逃税收者予以处罚。加拿大认为，自愿纳税虽是税收征管的基础，但实践中法律还要有威慑力，要把那些情节恶劣、故意偷逃税收者送上法庭，该罚款的罚款，该判刑的判刑。为做好这项工作，加拿大国家税务部内设有一个特别稽查处，主要负责税收法规的宣传教育，提供咨询服务，研究提高反避税技术，立案侦查比较重大的偷税逃税案件，将触犯刑律者送上法庭。该处在工作上与海关、法院、警察、财政等部门协作紧密。加拿大国税系统从事这方面工作的有 500 多名人员，1994 年立案侦查 450 个案件，其中，送上法庭的有 150 件，最后有 20 人被送进监狱，判刑最长的为 5 年。对那些被送上法庭并被判刑的违法违纪案件，一定要通过多种新闻媒介广泛地、公开地曝光，一方面使违法违纪者信誉扫地，起到威慑作用；另一方面向遵纪守法者传递一种信息，即遵纪守法者归根到底还是不会吃亏，违法违纪终究会受到法律制裁，从而使遵纪守法者产生一种心理上的平衡感，从而促进遵纪守法风尚的形成。

另外，加拿大还有以下一些规定和做法：其一，对执法人员失职、渎职和串通舞弊行为的处罚规定一般是，由于执法人员素质不高、业务不熟造成的偷税漏税的，直接责任人员要被解雇，然后视情节轻重给予其他方面的处理；如果是执法人员与纳税人串通勾结偷税漏税的，除解雇外，还要依法将其送上法庭，再由法庭根据有关法规，有的处以罚款，有的判刑蹲监狱。对在公务中发生的严重行贿和受贿行为，都要起诉上法庭。其二，重视对纳税人心理的研究。有专人负责这方面的工作，主要分析研究纳税人纳税心理方面的动态变化，如某一行业或某一类人在某一阶段愿意缴纳这种税，不愿意缴纳那种税，找出原因，采取相应措施，促进依法纳税。其三，重视对现金交易活动的研究和管理。加拿大国家税务部介绍说，目前现金交易活动相当普遍，比如不少人下班后搞第二职业，经商、做家庭教师等，收取现金是合法的，但税务部门不掌握这一情况，无法收税。有人估计这种活动形成的收入约占国内生产总值的 4% ~20%，按最低 4% 计算，一年应缴纳税款为 40 多亿加元。据测算，这方面的经营活动收入真正申报纳税的还不到 1/3。税务部门最头痛的是这部分纳税人，每个人应纳额不大，但加起来不小，对这部分纳税人进行严格管理的目的主要还不是税额的多少，而是向社会传递一个这样的信息，即纳税人必须依法申报纳税，如果不能使这些纳税人的收入照章纳税，别人就会跟他们学，从而使整个税收体制受到伤害。

3. 古巴廉政建设模式

古巴共产党高度重视自身廉政建设，在全国范围内大力开展反腐败斗争，弘扬正气，治腐防变。党风廉政建设关乎执政党的生死存亡以及国家、民族的兴衰，因此，作为执政党，与时俱进地加强自身建设，尤其是党风廉政建设，可以说是执政党能否长期执政的关键。1959 年，菲德尔·卡斯特罗发动革命，建立了人民革命政府。古巴在建国初期，并没有出现很严重的腐败问题，但是随着古巴逐步打开国门，实行对外开放，古巴政治生态中的腐败现象却日趋恶化起来。古巴政府对此高度重视，积极采取了一系列有力的措施，形成了比较完备的廉政建设机制，使得古巴反腐倡廉工作得以有序开展。

（1）惩治腐败要从源头抓起，做好思想教育。思想是行为的先导，古巴共产党力图先从党员干部的思想教育入手，注重他们思想觉悟的提高，严把思想关。"在腐败未侵蚀党的肌体之前，就必须把毒瘤切除。"基于此，古巴共产党逐步在国内建立了一整套相对较为完备的党校教育系统，另外，针对领导干部级别职务的不同，采取了具有针对性、长短期的思想教育培训，提高党员干部的思想觉悟。受东欧剧变、苏联解体的巨大冲击和影响，加之美国对其的政治孤立和经济封锁，古巴国内一度陷入举步维艰的境地。国内物资供应不足，经济发展迟缓，人民生活十分困难。一些党员干部思想信念因此发生了一些动摇，对社会主义前途不抱希望，认为古巴社会主义建设已到绝境，有的甚至主动提出退党。在严峻的内外形势下，古巴逐步加大了对党员干部进行思想政治工作的力度，强调党员干部要保持先进性，提高自身的政治觉悟，树立对社会主义航向的信心。这不仅有利于古巴坚定地走古巴特色的社会主义道路，而且有利于抵制美国反古势力的思想渗透和改革开放后各种腐朽思想的侵蚀。另外，全国随处可见"祖国利益高于一切""誓死捍卫社会主义"等标语，这些观念在潜移默化中逐渐入党心、入民心。这些做法对于加强廉政建设的思想防线具有重要作用。

（2）惩治腐败要健全制度，加强对权力的制约。反腐倡廉建设仅依托对党员干部宣传教育是远远不够的，要想在党内有效抑制腐败的滋生和蔓延，只有建立良好的制约机制，通过制度利器，铸造防腐、治腐的钢铁长城，才能有效地遏制贪污腐败现象，从而促进廉政建设的长足发展。

①建立道德和法律相结合的权力约束机制。古巴共产党非常注重对权力制约机制的建设。为更好地约束权力，使廉政建设更具有操作性，将国家干部应遵守的行为道德规范与法律相结合，在1996年7月份，古巴制定并颁布了一部关于规范国家机关工作人员行为的道德法律，即《国家干部道德法规》。该法律提出了对于公职人员的26条廉政规定，要求公职人员必须做到，如"在公务方面，高级干部除非因公务的硬性需要，不允许去旅游饭店消费；在工资待遇方面，党政机关领导干部的工资应与相同级别的企业领导人的工资持平；在住房补贴方面，除极个别领导人有专人陪同照料外，其他各级领导干部平时和普通居民一样住在居民区，不提供专区住房；在车辆配置方面，省委第一书记和正部长以上领导干部出行一律配置普通汽车，不允许私自使用进口车辆，如出席公开活动时，则均使用普通面包车等"。这部道德与法律巧妙融合的法规，即《国家干部道德法规》的出台，使得古巴共产党对贪污腐败的行为处理做到了有的放矢，量刑有了法律依据。党员干部不仅能够根据道德法规的要求，自觉约束自身行为，如果官员不能很好地做到从严律己，依然放纵自己，他们不仅要受到道德的谴责，而且要受到法律的制裁。制定严格的法律制度、让党员干部做到以法律为准绳、严格要求自己是古巴反腐倡廉建设取得成效的重要保证。

②设立纪律监督机构并完善监督机制。制度若没有了监督，就会被束之高阁，成为了摆设，发挥不出应有的效力。所以设立健全的纪律监

督机构，并配备完善的监督机制，才能让法律制度的约束力发挥更大的效用。因此，建立完善的党内外监督机构和制度就显得格外重要。古巴共产党也意识到了党内外监督的重要性，于是在国内创立了一套相对完善的监督机制。具体分为两大类：一是组织监督。经古巴人大审议批准，古巴政府于 2009 年 8 月 1 日，在原有的审计和监察部的基础上重新设立了核心反腐治腐部门——共和国总审计署，隶属于国务委员会。总审计署行使审计和控制部的职能，对所有国家政府部门和经济实体拥有绝对的审计权力。此外，在全国各省还设立了一些行使专事监督权的审计局。二是群众监督。古巴各省市设立了一些群众性的监督机构，譬如群众举报委员会、审计办公室等。通过保卫革命委员会、共青团、妇联、工会等群众性的组织，吸纳人民群众中的有生力量，扩大了反腐倡廉工作的群众基础，发挥了群众的监督效力。保卫革命委员会对居住地范围内的部以上领导干部进行管理和监督，并有义务将他们的表现情况向所属单位汇报。此外，在他们的最后年度考核、选拔和任用方面具有发言权。古巴的党政干部时刻都处在群众的监督之下，党政干部的行为得到很好的约束，人民的权利也得到了切实的维护。这一系列务实高效的监督机构和机制，以及对领导干部的严格要求，都可以看出古巴大力反腐的决心。古巴共产党加大对反腐败的监督力度，也使法律制度的执行公开透明，从而不给贪污腐败以可乘之机。

③惩治腐败要依法严惩，绝不姑息。古巴始终坚持从严用权、从严治党、从严治吏的原则，对滥用职权、以权谋私、公款私用等贪污腐化行为，不论领导干部职位高低，以往对国家贡献有多大，一律法办，绝不姑息。1989 年，古巴国内掀起了一场声势浩大、力度空前的肃贪反腐运动。在这一年内，3 万党员被处分，占党员总数的 4.5%。1999年，古巴全国范围内共处分党员人数为 34 000 人。2000 年则处分共43 539 人。① 古巴党和政府对于贪污腐败等行为斗争的决心和力度，也给那些心存贪念的官员以警戒和震慑。

④领导人高度重视反腐斗争，领导干部率先垂范。古巴党和政府要

---

① 唐贤秋，解桂海. 苏东剧变后古巴共产党加强廉政建设的经验［J］. 国外理论动态，2008（2）：42-83.

求党政领导干部要严于律己，做到以身作则，与人民同甘苦共进退，不搞特殊化、特权化。古巴前领导人菲德尔·卡斯特罗曾经说："我们生活确实是简朴的，不奢华也不富有。然而，我们坚定不移地相信，我们的思想、道德和尊严是正义的、不容侵犯的，我们有能力拿起这些武器向帝国主义的所谓消费社会的一切腐败现象发起挑战。""没有高尚的精神道德就没有社会主义。如果我们的人民在干部身上看不到共产党人特有的道德品质的话，就不可能搞社会主义。"菲德尔·卡斯特罗在清正廉洁方面身体力行，从自身做起，做人民的好公仆。卡斯特罗曾对记者透露："我的工资同40年前大体持平，甚至还要更少一些。"卡斯特罗私下里特别喜欢与群众沟通交流，听取人民的心声，群众提的大小意见总是尽自己所能想办法去解决，卡斯特罗为古巴各级公职人员的廉洁奉公树立了良好的标杆。古共中央要求各级党委会每月组织召开一次例会，议题主要是围绕如何"预防和打击腐败"，检查本地区本单位有没有贪污腐化的问题，对已经出现的贪污腐化的现象进行严肃处理并及时纠正。古巴党和政府对廉政工作的高度重视，为古巴的各级公职人员提供了一个公正的政治平台，营造了良好的政治生态环境。可以说，古巴高层领导对于反腐倡廉工作的重视是古巴廉政建设取得显著成效的助推器。

4. 墨西哥廉政建设模式

（1）财政。墨西哥财政是指墨西哥采用联邦制，其财政体制和行政体制相适应，分为联邦、州和市三级。财政年度与日历年度一致。财政体系由三部分构成：联邦财政收支、受预算控制的联邦直属机构和国有企业财务收支、其他公共部门的财政收支。联邦、州、市三级财政相对独立，地方财政收入主要依靠地方税收和地方国有企业利益，小部分靠联邦财政补贴。国有企业财务收支以企业为单位独立核算。全国核算控制的国有企业与机构有27家。其资金部分来源于企业自身积累，部分靠联邦财政拨款和补贴。墨西哥议会制度始于1811年，分为参、众两院，众议院代表国民利益，参议院代表联邦利益。议会拥有立法权、财政权、监督权。

立法权是联邦议会最主要的职权。主要包括修改宪法，制定各种联邦法律。修改宪法必须分别得到参众两院2/3以上多数票以及全国一半以上多数州的州议会通过，方可生效。财政权主要是指财政议决权或财政监督权。主要包括对联邦预算的审议权、制定税法以及制定政府发行公债的准则。联邦政府的年度预算案以及预算案的修订必须送交联邦议会审议。在审议过程中，联邦议会有权召集政府有关官员作出必要的说明或解释，有权批准、不批准或要求政府作出部分修订的决定。监督权主要监督和平衡行政权力，负责保障国家政治舞台的多样化和民主性，并保证政府的政策能符合大多数民众的意愿，避免国家出现独裁统治。监督权主要表现在听取总统所作的政府工作报告，分析和审议政府有关部门的工作报告来监督政府部门和政府官员的工作。议会有权对部长和其他政府高级官员进行质问和质询，有关官员必须如实回答。墨西哥议会监督权的另一种表现形式是，受理对各级政府官员所犯渎职罪和刑事犯罪的诉讼。墨西哥治理贪官的主要机构是联邦总审计署和联邦总检察院，但联邦总审计署和联邦总检察院对腐败官员的处理结果都必须向议会报告。

联邦政府收入分经常项目收入、资本收入和公债收入。经常项目收入包括税收和非税收收入，其中，税收收入包括所得税、生产和劳务税、增值税和关税等；非税收收入包括信贷业务收入和不动产转让收入等。资本项目收入包括国有企业上缴利润和贷款利息等。20世纪80年代以来，墨西哥石油公司上交的税利作为特殊收入而被列入非税收收入，加之国有企业经营状况不佳，因而资本项目收入很少，1983年，其资本项目收入仅为80亿比索。

（2）税制。从20世纪80年代初开始，石油价格不断下降给墨西哥经济带来了严重问题。石油公司发生亏损，财政出现巨额赤字（占GDP的比重曾高达28%），国家债务出现危机，通货膨胀率高达三位数。面对这种局面，墨西哥政府对公共财政政策作出重大调整，先后进行了三次税制改革。

第一次税制改革始于1980年，改革的主要内容是实行增值税及建立新的流转税体系。1989年进行的第二次税制改革，主要是改造所得税制度。根据扩大税基、降低税率的原则，规范了所得税应税收入范围并调低了税率。同时，结合海关管理体制改革，对关税政策进行了调整，并将其纳入全国税务系统。1993 年，根据建立北美自由贸易的需要，墨西哥政府再次改革了税制，其指导思想是减轻企业负担，以便提高其国际竞争能力。为此，降低公司所得税税率，并且为了防止转让定价及减少税源流失，其在所得税税法中增加了对外企发货票进行严格审查的内容。经过 10 多年的改革，目前墨西哥已形成了比较合理的税制结构，效率也相应提高，起到了为政府筹集财政收入的现代税制的积极作用，国家财政状况因此得到了明显改善。

墨西哥在税制改革时考虑的原则：第一，要发挥税收为政府筹集收入的功能；第二，要注意税收的公正性，既包括水平性公正（所有有纳税义务的人都要纳税），也包括垂直性公正（收入高的多交，收入低的少交）；第三，要保证税收效率，不仅要有利于国家筹集收入，而且要避免对经济活动带来不良影响，这就需要税收具有中性和灵活性。从这些原则出发，通过改革逐步形成了与发达国家相类似的现代税收制度。

①以增值税为主体、所得税相配合的税收结构。税制改革的重点是全面推行增值税和统一所得税。在全面推行增值税的过程中，其兼并了以往过多的流转税税种，相应取消了各种形式的销售税，仅对某些特殊商品实行特别消费税。所得税制度的改革主要是在扩大税基、规范税率的基础上建立统一的企业所得税和个人所得税制度。经过税种结构改造后，分别形成了新的直接税和间接税体系。墨西哥的增值税、所得税收入共占各项税收收入的 80% 以上。财政部官员认为这种税收结构与其现阶段经济发展水平和税收征管能力是基本相适应的。增值税作为主体税，主要是为政府筹集财政收入服务，同时，作为间接税来说，监控比较容易。随着人均国内生产总值的提高，今后将逐步扩大所得税的比重。

②集中税权、统一税政，保持税收政策一致性。在税制改革过程中，墨西哥对税收管理权限也进行了调整。自 1980 年以来，墨西哥税制改革的结果为联邦政府控制了增值税、所得税、特别消费税

等主要税种收入，州政府不再对属于与联邦同一个税源的对象征税，并对以前独立征管的关税体制进行了改革，将其纳入全国财政税务系统，建立了纳税人进口自动报关和抽查制度，使关税征管趋向现代化。

5. 哥斯达黎加廉政建设模式

与拉丁美洲地区清廉度较高的乌拉圭和智利相比，哥斯达黎加的表现并不突出，但相较于中美洲各国，则一骑绝尘。总体而言，哥斯达黎加在拉丁美洲地区其腐败程度是较低的，仅位于乌拉圭和智利之后。哥斯达黎加社会各界对政府腐败程度的感知和反应与透明国际的研究结论一致。在哥斯达黎加民众的印象中，腐败是生活的事实，但是，哥斯达黎加的腐败程度并不高。许多外国投资者也仍然认为哥斯达黎加是中美洲污染最少的国家。哥斯达黎加所采取的反腐败措施多样且涉及多方面。

（1）反腐败立法。哥斯达黎加在寻求加入经合组织之前，已经加入了许多涉及反腐败的国际条约，统一构成了哥斯达黎加的反腐败法律体系。比如，哥斯达黎加于 1997 年批准了《美洲反腐败公约》，于 2007 年 3 月批准了《联合国反腐败公约》。除了《刑法》外，哥斯达黎加陆续通过立法，出台了一系列对腐败治理影响深远的法律，其中，核心的是四部：《财务管理和公共预算法》《内部控制法》《防止过度行政程序的公民保护法》《反腐败和资产非法增加法》。

（2）《法人国内贿赂、国际贿赂及其他犯罪责任法》（以下简称《法人责任法》）。哥斯达黎加是拉丁美洲最近对贿赂行为确立公司法人刑事责任的国家，因为对贿赂规制的不足影响了哥斯达黎加反腐败的成效，为此，哥斯达黎加的立法机关新近通过《法人责任法》，对已经为《刑法》所列明的腐败犯罪（包括国内外贿赂）增加规定了公司法人的刑事责任，并增加了新的会计欺诈罪等罪名。《法人责任法》还规定了严厉的新的财产处罚和行政处罚，但同时允许公司法人通过采取合规行动而减少 40% 的罚金等，上述规定都对哥斯达黎加的腐败治理产生了深远的影响。

（3）构建政府信息公开制度。2018 年，两位普通的哥斯达黎加公民向哥斯达黎加财政部提出了获取政府信息的申请。这两位普通公民的申请，揭开了哥斯达黎加政府信息公开改革的大幕。最终哥斯达黎加最高法院宪法法庭确认政府侵犯公众知情权。哥斯达黎加的政府信息公开制度在这样的背景之下展开，并获得快速发展。比如，哥斯达黎加通讯部颁布一项行政法令，以提高政府信息透明度和便捷公民对政府信息的获取，同时建立后续机制以及进行适当的监控和评估。

（4）完善司法制度。自 19 世纪 80 年代以来，哥斯达黎加就主张建立一个拥有专业、公正、独立的司法系统，对行政权力特别是对总统特殊权力进行明确限制，加强司法系统的自主权，以限制行政部门的自利行为。19 世纪末 20 世纪初的改革创建了具有明显制度凝聚力的司法部门，为正式分权制奠定了基础。这些改革使得法院拥有横向问责的能力，并能在没有政治干预的情况下维护法治。为应对一系列重大的政治和金融腐败丑闻，其在 1989 年成立了拉丁美洲最强大的法院机构之一的最高法院宪法法庭或称第四法庭，自成立以来，宪法法庭就一直在哥斯达黎加发挥重要的问责作用。

除了以上措施外，哥斯达黎加还采取了一系列其他措施以加强腐败治理，这些措施与上文论述的措施一起构建成哥斯达黎加完整的反腐败体系：第一是支持民间社会组织，第二是构建公职人员财务披露制度，第三是加强国际合作。此外还有提高国家应对和治理腐败的研究能力、加强政府内部纪律措施等。哥斯达黎加对反腐败的反应是积极的，并已作出重要的努力并取得许多结果。但是腐败问题并未得到有效的改善，其根源在于反腐败措施存在的问题：第一，仅重视打击贿赂失之偏颇；第二，部分反腐败措施存在缺陷；第三，反腐败措施资源不足；第四，单行刑法有损刑事司法基础。以现有的证据和目前的情势而言，哥斯达黎加的腐败治理力度有望继续加大。不过，哥斯达黎加目前采取的反腐败措施和构建的反腐败制度能获得多大的成效，对此依然可持保留态度。哥斯达黎加已经显露出的腐败治理的一些薄弱地方还亟待加强。

第四节　亚洲国家

1. 新加坡廉政建设模式

（1）新加坡财政分权特征。新加坡是一个城市国家，其国家财政也具有城市财政的特征。首先，由于新加坡政权结构层次单一，故其财政管理层次也比较单一，不存在分级财政管理的条件，也没有中央政府与地方政府之间复杂的财政关系；其次，新加坡财政管理的范围比较宽泛，从机构设置上看，除政府公共财务活动独立于财政部门管理外，政府的金融管理、邮政储蓄管理部分也都下属财政部；再次，新加坡是市场经济国家，其政府的财政支出主要用于国家安全、城市公共设施和基础设施以及发展科技、文化、教育等方面；最后，新加坡政府的财政收入主要来源于税收，非税收入在财政收入中比重较小。此外，由于新加坡实行盈余财政政策，政府预算收支多年保持盈余，因此，国家债务很少，发行国债的目的也不是弥补财政赤字，而主要是为吸收大量的中央公积金结余投资和作为公开市场操作的金融工具在调节经济中发挥作用。

（2）新加坡廉政建设具体模式。

①法律制度完善。为约束和严惩公务员腐败贪污行为，新加坡先后颁布了多项法律法规。公务员贪腐行为一旦被查处认定，不仅要受到经济处罚，还会接受严厉的法律制裁。在新加坡，专门治理腐败的主要法律是1960年制定颁布的《防止贪污法》，其对贪污罪以及公务员受贿罪各种情形进行了具体界定，并明确了各种贪污受贿罪行为的相关处罚。该项法令规定，贪污受贿行为一经查出，将受到严厉的处罚。该法令第10条规定，在新加坡，任何人如被判定贪污，行贿人或者受贿人会面临10万美元以下罚款或7年以下监禁，或两项并罚。法庭可以强制性罚款和没收贪污所得。法令对官员贪污罪行采用有罪推定，也就是说，在法庭中被指控犯有贪污受贿罪行的公务人员，有义务解释其收受

或取得的财物不属于贿赂，若无法给予合理解释，则断定其犯罪，并且，根据法令，公务员只要接受贿赂，即使未给行贿者提供任何方便，贪污罪行仍然成立。此外，法令还禁止以习俗作为接受或进行贿赂的理由，例如，收送节日红包等。

除了《防止贪污法》，新加坡还出台了其他治理腐败的相关法律规范以补充和完善廉政法律制度。1989 年，新加坡颁布了《贪污受贿利益没收法》，该法经过多次修订后于 1999 年与《毒品交易利益没收法》等法令合并更名为《贪污、毒品交易及其他重大犯罪利益没收法》。该法令明确指出法院可没收贪污人员的非法所得，并对贪污受贿人员违法所得财产没收程序进行了相关规定。此外，新加坡《公务员法》《公务员守则和纪律条例》《公务员惩戒规则》等相关行政法律法规还对公务员廉洁从政和相关惩戒措施进行了详细的规定。

②公务员财产申报制度严格。为了预防官员腐败，增加对贪腐行为的约束，新加坡建立了相应的公务员财产申报制度。考虑到债务在身的公务员更易发生腐败行为，新加坡公务员相关规范守则中规定，每一个公务人员每年都应声明其是否经济困难。此外，官员在首次履职之前都要求进行财产申报，此后每年定期申报。申报的财产既包括个人资产和投资，也包括其配偶和子女的财产情况。如果官员申报的财产数与工资收入不一致，那么就可能被询问是通过何种方式获得相应财产。如果官员持有某些私人公司的股份，则有可能被要求剥离股份以防止产生利益冲突。对于重要官员的财产申报，还需要通过媒体加以公布。官员财产申报的程序也十分严格，申报的财产清单需在指定公证处加以审查，并在工作机关和法院公证处加以保存。

③公务员薪资制度具有吸引力。高薪制度是新加坡廉政建设的一个主要特点。这里的高薪主要针对的是政府高级官员，即对一定级别之上的政府官员参照市场的方式支付高额薪资。这一方面是精英治国理念下为了更好地吸引优秀人才进入公务员队伍；另一方面也是为了减少贪污腐败行为对官员的诱惑。新加坡公共服务署网站信息显示，当前新加坡有 13.9 万受雇于政府 16 个部和 50 多个法定机构的公职人员，其中，有 8.2 万人就职于政府各部，部分雇员就是公务员。新加坡公务员分为

四级：第一级是行政管理和专业级别，要求取得较高的正学位；第二级是执行和技术级别，要求具有相应文凭；第三级为文书或办事员；第四级为从事手工劳动或处理日常事务的人员。从统计部门 2013 年公布的资料来看，一级公务员数量约占全部公务员总数的 56%，二级约占 33%，三级约占 7%，四级约占 4%。不同行政级别对应了不同的薪酬等级。

20 世纪 70 年代，新加坡开始调整公务员工资，逐渐向私有部门的薪酬标准靠拢。从 20 世纪 90 年代起，新加坡进一步制定了正式的官员薪酬基准框架。1994 年，新加坡政府发布了《称职且诚实政府有竞争力的薪酬》（*Competitive Salaries for Competent and Honest Government*）白皮书，明确了部长和高级公务员的薪酬基准计算公式。根据这一框架，高官薪酬以私营部门工资为参照，部长薪酬以 6 大职业（银行家、会计师、工程师、律师、制造业 CEO、跨国公司 CEO）最高年薪前 4 名（一共参照 24 名）平均薪酬的 2/3 为基准。2000 年，部长起薪标准进一步完善为以 6 大职业最高年薪前 8 名（一共参照 48 名）中的第 24 位高薪收入者薪酬的 2/3 为基准。2001～2010 年，新加坡部长实际年薪从 112 万美元增加到 158 万美元。高官薪酬随私营部门薪酬相应调整，其薪酬并非只升不降，例如，2009 年，受经济危机的影响，部级官员的薪资下调了 22%。

2011 年，新加坡政府发布《能干且有奉献精神政府的薪酬》（*Salaries for a Capable and Committed Government*）白皮书，对高官薪酬方案进行了修订，提出部级官员薪酬确定应遵循三项原则：一是薪酬有足够的竞争性使得人才不会因此受阻；二是政治服务意味着作出牺牲，因而薪酬公式应有所折扣；三是应采用洁净工资制度，杜绝隐藏利益。新的部长起薪下调为以新加坡公民前 1 000 名高收入者中位数收入的 3/5 为基准，以体现政治服务的价值和奉献精神。据此，部长年薪降低了 31%，下调为 110 万美元；总理和政务官年薪减少了 28%，下调为 220 万美元；总统年薪降低了 51%，至 154 万美元。2011 年新加坡雇员的人均年薪仅在 5 万美元左右，即使大幅降薪之后，新加坡高官薪酬仍处于世界各国政治领导人薪酬高位水平。近年来，新加坡政府也逐渐提高低层级公务员薪酬水平。例如，2014 年 6 月，政府宣布对 3 500 余名四级公务员额外加薪 70 美元/月，5 500 余名三级公务员额外加薪 30 美元/月。

新加坡采用洁净工资制度，官员的薪酬收入就是其全部收入，不存在灰色收入。官员除了公开的薪资收入，不再享有其他补贴津贴收入或特殊权益，既没有假期补贴也没有子女教育补贴等。官员的薪酬由固定收入和变动收入两部分组成，固定收入包括每月工资以及第 13 个月奖金，变动收入包括年度可变花红（annual variable component）、绩效奖金（performance bonus）以及国民奖金（national bonus）。年度可变花红取决于新加坡经济发展情况，绩效奖金取决于个人的绩效表现情况，而国民奖金则取决于经济社会发展的四个指标，即中等家庭实际收入增速、最低 20% 收入家庭实际收入增速、失业率和实际 GDP 增速。

④廉政监督制度严密。新加坡廉洁政府的建立，同样离不开一套系统而严密的廉政监督制度，这既包括以反腐机构为主体的内部监督，也包括社会公众、新闻媒体等外部监督。从内部监督来看，新加坡具有高度独立性且强有力的反腐机构——新加坡贪污调查局（corrupt practices investigation bureau，CPIB），在查处和预防官员腐败的过程中发挥了非常重要的作用。CPIB 局长直接向总理负责，其主要职责是保障公职人员廉政以及私人部门交易行为中的廉洁。CPIB 对公职人员的玩忽职守行为加以检查并向相关部门或机构汇报以便进一步进行处分。除了对贪污官员进行审查，CPIB 还通过对腐败易发部门和机构的工作流程和方法核查，发现其中可能利于贪腐行为的不足之处并给予改进建议来加强对腐败行为的预防。《防止贪污法》第 15 条、第 17 条、第 22 条分别赋予了 CPIB 逮捕权、调查权、搜查和没收权。CPIB 调查专员或局长有权在没有逮捕证的情况下逮捕任何涉嫌贪污或者依据可靠信息断定可疑的罪犯至贪污调查局或警察局，并对其进行搜查。CPIB 局长可授权调查局人员在必要的情况下武力进入任何场所搜查、没收任何与腐败行为相关的文件或财产；当调查局人员在有足够理由认为获取搜查授权有可能延误或阻碍搜查时，其可在没有授权的情况下直接行使搜查权。从外部监督来看，社会力量监督是新加坡廉政监督制度的另一重要组成部分。公众对官员财产状况及其行为过程的广泛监督、新闻媒体对官员腐败行

为的报道披露都为新加坡治理官员腐败提供了舆论监督和支持。

2. 日本廉政建设模式

（1）日本财政分权结构。第二次世界大战后，日本在美国的指导下实行了财政分权体制。财政分权体制的实施不仅达到了其在经济发展及国家建设中的预期目标，而且在平衡各地财力、保证各地方政府职能的履行、行政服务的提供上发挥了重要作用。日本财政分权体制由收入、支出以及转移支付三部分构成。由于日本中央和地方税收收入分配是接近"三七开"的结构，因而存在巨大的资金缺口。财政分权体制下的转移支付制度填补了这一缺口。其在一定程度上促进了各地方经济及社会事业的均衡发展，实现了财政均等化目标。日本主要将中央征收的税收作为转移支付资金分配给地方。其转移支付资金由地方交付税、地方让与税、国库支出金三部分构成。地方交付税以实现各地方财政均衡为主要目标，它为消除地方政府财政能力差距、保证经济发展水平较低的政府也能维持一定的行政服务水平，而向某地方支付的一种转移资金，其转移资金的额度可以运用法定的标准公式计算得出，且转移支付资金的使用由地方政府自主决定，中央政府不加以限制或附加条件。地方让与税从严格意义上讲不具均衡地方财政的作用，但它充实某些地方基础建设的财源，对地方财政同样具有一定的均衡作用。国库支出金是中央指定用途、交给地方政府使用的转移支付资金，用于中央和地方共同筹建的事业，平衡各地方政府财政能力、确保全国行政服务同一水平是其转移支付的目标。

20 世纪 70 年代中期，日本政府对经济增长预期过高，导致按较高增速制定财政预算，实际财政支出超出非债收入，造成赤字国债，中央不得不以放权应对，这个时期被称为地方的时代。20 世纪 80 年代，日本中央政府在财政重建过程中大幅削减转移给地方的国库支出金。20世纪 90 年代，日本中央政府为刺激经济、应对中央财政状况恶化而推行了一系列地方分权改革，扩大地方事权和自主权。20 世纪以来历届政府实行的分权改革均以地方承担更多的事权为导向。总体上受财政联邦主义影响，20 世纪 70 年代后，日本财政分权改革以地方财政自治为初衷和导向，由此看来，日本财政分权初衷与财政支出变化结果常常相悖。20 世纪 60 年代集权时期，中央财政支出比重下降可能是因为中央授权被掩盖在了地方支出的背后；1973 年，社保元年后虽实行了分权改革，但中央财政支出比重却上升，可能因中央财政社保支出快速上升和扩张性财政政策的实行；20 世纪 80 年代后，分权导向下中央财政支出比重终于下降；而 1995 年后又重新上升，直到本次危机后才出现再度下降迹象，这可能与 20 世纪 90 年代地方财源快速减少、面临财政危机有关。

（2）日本廉政制度建设。日本建立了涵盖财政、预算、税收、国有资产管理等财税管理领域的法律制度，形成了完备的财税法律体系；日本财务省肩负着确保财政健全、实现公平合理的课税、合理运营海关业务、对国库进行管理、维持对货币的信赖以及确保外汇稳定的职责；凭借宪法第七章"财政"的规定，以及财政法、会计法和财务省颁布的预算、决算、会计令等规定，日本建立了完善的预算法律制度；日本在中央和地方实行不同的国库管理体制：中央实行委托国库制，即委托日本银行代理国库业务；地方实行银行制，地方财政预算资金存入商业银行特定账户进行管理；财政投融资就是以金融信贷方式运用财政性资金。日本是一个成功运用财政投融资制度，实现了国民经济持续、稳定、协调发展的国家；日本实行"地方自治"，地方财政与中央财政之间的关系确保了地方政府在国家统治机构中的地位和所拥有的广泛权力。

近年来，在透明国际组织公布的全球廉政指数中，日本的廉政指数排名位列前茅，是世界上最廉政的国家之一。其廉政建设成功最根本的原因"在于对传统优秀的廉政文化资源进行了现代性的改造和发挥，使之成为了与现代政治制度相匹配的核心价值体系"。日本廉政文化建设体系的这种核心价值就是从儒家文化的"集体本位"理论出发，发展出了一种独特的包含奉献意识、知耻意识、序列意识、集体意识，进而成为其廉政建设基础的耻感文化。这种经过现代性改造的耻感文化，不仅塑造了日本的社会风气，而且也内化为人们普遍遵守的价值准则，这使得贪污腐败等现象在日本社会中成为令人难以容忍之事，因而也有效地推动了廉政文化建设在日本的开展。

3. 印度廉政建设模式

（1）印度财政分权模式。印度是联邦制政府，印度宪法正文原则性地规定了中央和邦之间税收开征立法权的划分、征缴权划分以及实际税收收入划分三方面的分权内容。第 268 条规定联邦开征但由邦政府或中央直辖区征缴且在中央和邦之间分配的税收，如印花税、医疗及化妆品消费税；第 268-A 条规定服务税由联邦政府开征但由联邦政府和邦政府共同征缴和分配；第 269 条规定联邦政府开征和征缴但收入归邦的商品销售税；第 270 条规定所有中央开征的税收都在中央和邦之间分配（2000 年印度宪法第 80 修正案最重要的内容）；第 271 条规定中央各种税的附加归联邦；第 273 条规定联邦对阿萨姆邦、比哈尔邦、奥迪萨邦（2011 年将奥里萨邦改名为奥迪萨邦）的黄麻等产品的出口补贴；第 276 条规定邦可以对各种职业征税，但每年不得超过 2 500 卢比。第 246 条则具体规定了征税立法权的划分，即联邦和邦征税立法权的划分包含在联邦和邦立法权分权的宪法附表中。中央和地方分权的基本原则是地方性的税收由邦征收，而超越一邦范围或需要中央统一征收的则由中央征收。

（2）印度廉政体系建设。

①法律制度。印度的立法权属于国会和各邦议会，印度有关廉政与反腐的立法很多，除《刑法》等一般性的惩治职务犯罪的法律外，还制定了诸如《1988 年防止腐败法》《中央文官行为准则》等专门的廉政法律法规，以期达到依法治腐的目的。1947 年，印度通过了"旨在更有效地防止贿赂和腐败"的专门法律《1947 年防止腐败法》，它将印度刑法典中的相关条文并入其中，共有不分章节的 8 个条文，这 8 条分别是简称、地域和时间效力、术语、印度刑法典第 165-A 条、关于公务员收受合法报酬以外报酬的推定、刑事不良罪、起诉必须有先前处分、报告是合格证人以及不对作了供述的行贿人追诉。不过该法的规定过于简单，几乎每隔两到三年，就要进行一些修改。1988 年，印度在总结以前反腐立法经验和教训的基础上，制定了"旨在统一和修正关于防

止贪污及与此有关的法律"即《1988 年防止腐败法》。该法共分总则、特别法官的任命、违法与惩处、依本法调查案件和准予起诉及其他有关条款 5 章 31 条，对腐败案件的侦查、起诉、审判和定罪量刑、适用范围及其他反腐败法律的适用作了详细规定，是一部集刑事实体法、诉讼程序法于一体的综合性的反腐败法，如该法吸收并完善了《刑法》第 161 条至第 165-A 条关于公务员犯罪的内容。该法与其他反腐败法律的关系"是对其他现行法律的补充，而不是废除"。因此，该法"任何条款均不能使根据其他法律可能被起诉的任何公务员免予受起诉"。《1988 年防止腐败法》的"亮点"在于将防止贪污贿赂犯罪的对象界定为一种广义概念上的公务员，凡一切执行与国家、公众和团体有利害关系职务的人员均定义为公务员。公务员的范围共有 12 大类，包括中央、邦、地方政府的工作人员，法官及由法院授权执法的人员，在中央、邦、地方政府的公司中服务的人员，学校校长、教师等工作人员，以及受委托从事审查、选拔、考试等工作的人员，受各级政府机构财政资助的协会、机构中的官员和雇员等。这些人员不论是否由政府任命，都是公务员。2005 年通过并生效的《信息权利法》是印度在反腐方面的又一项重要立法。该法不仅明确规定印度公民有权从政府那里获取信息，而且对信息范围界定得非常广泛，除涉及国家安全的情报、内阁文件以及受法庭保护的内容外，公民有权要求查看其他以任何形式出现的任何资料。申请人如果在 30 天内没有收到回音就可以提出申诉，再过 30 天还没有回音，相关部门责任人将被处以每天 250 卢比的罚金，最高限额可达 2.5 万卢比，这笔罚金将从责任人的工资内扣除。如果公务员向公民提供了虚假或者不准确的信息，将被处以 2.5 万卢比的罚金。

②机构设置。印度政府在健全政府官员行政行为的法律和条例规范的同时，与之相对应的还建立了一整套关于反腐败的调查、监控、研究、咨询及惩处与防范的机构反腐体系。为抑制腐败现象的大量发生，印度当局于 1941 年在军务部下设立了德里特别警务处（特警处），其任务主要是针对印度政府军务部和物资部有关业务往来中的贪污受贿案件进行调查。1955 年，由于腐败现象日益严重，印度政府当局认为，

反腐败最主要的推动力应该来自各部门内部，遂在当时的内务部下设立了行政监控司。监控司向各部门指派一名监控官员。监控官受监控司司长和所在部门最高领导的双重领导。行政监控司的主要职责就是协调各监控官的工作，从而达到顶层统筹的作用。1964 年 2 月，中央监控委员会正式成立。中监委为最高监察机构，独立于任何执行机构，隶属于内政部，对各机构在计划、执行、总结和改革各自的监察工作中给予指导和建议。中监委的最高领导者是中央监控专员，由总统任命，为部长级，任期 6 年。中央监控专员在各部门中任命一名总监控官，总监控官一般不低于副部长级。部以下单位内设监控官，待遇不低于助理部长级，由各部的部长提名，经总监控官确认。从机构运行机制和权力调处能力来看，中央监控委员会是一个内部性特征特别明显的反腐机构。"同体监督"的色彩比较明显，是系统利用自身力量和资源对系统内部机构或人员进行监督，其监督的动力来自系统内部。这种监督的优点是，由于监督的主体与客体皆属同一系统，两者关系比较密切，相互间比较了解，因而监督的中间环节较少，减少了监督成本，增强了时效性。

2003 年，印度国会还出台了中央监察委员会法案，从法律上进一步确立这个机构独立于政府外的地位，并赋予它接受公众投诉和检举、对问题官员进行调查、向政府提出处理建议的权力，同时规定政府部门对中央监察委员会的处理意见必须给予反馈。在印度成立的诸多反腐机构中，最重要的是集反贪污调查、惩治和防范职能于一体的中央调查局。1963 年 4 月 1 日，为进一步控制腐败，印度政府将特警处扩大为中央调查局，简称中调局。中调局负责全国范围内对中央政府下属公务人员贪污贿赂行为及犯罪案件的调查，它的主要任务就是在全国负责调查各级官员和机构的贪赃枉法等腐败案件，并采取相应的惩罚措施。根据印度有关法律条款规定，中调局有权调查各级官员和机构，任何官员和机构都不得干涉和妨碍其执行公务。如有需要，中调局有权搜查被调查人员的办公室和住宅，甚至其亲属的住宅。中调局局长由总理任命，首都和全国各邦都建立了工作部，实行垂直领导。除德里、加尔各答等地外，各工作部向邦内各地区派驻工作组，负责各地方具体的反贪工作。

为了独立行使职权，每个工作部都是封闭性的，都有自己的调查、起诉、文书人员，并且与所驻地方不发生利益上的关系。印度政府对中调局的这些安排与授权，极大地保证了中调局反腐需要的权威与手段，对腐败分子而言无疑是一种威慑。如果说中监委是一个内部性特征特别明显的反腐机构，那么中央调查局则是一个外部性特征特别明显的机构，主要是从外部对政府行政和公共服务机构进行反腐工作，它对公务人员的威慑力要更大。

4. 韩国廉政建设模式

（1）廉政建设模式演变过程。腐败一直是困扰韩国政府的一大难题，韩国历届政府都试图解决腐败这一问题。韩国的廉政建设主要通过立法手段实现，建设初期实现清廉反腐的重点在于加大对于腐败的惩治力度，建设后期开始着重于建设廉政制度，以预防为主。

1949 年韩国制定并出台了《国家公务员法》，该法确定了公务员的工作态度和行为准则，1960 年该法律细化了对公务员违法者的处罚程度。1963 年，该法律重新出台，同时出台了《地方公务员法》。1980 年，《政治资金法》出台。该法规定了政治资金收支公开、政党后援会赞助资金上限等内容。1983 年，韩国开始实施《公职人员伦理法》，规定了公职人员财产申报制度。

20 世纪 90 年代初，金泳三上台。金泳三政府时期是韩国对反腐败制度进行重大调整的时期，韩国反腐重点开始从惩罚为主转移至以制度建设预防为主。金泳三是韩国近代第一个民选总统，他组建的国民政府在韩国政权建设历史中意义重大，他将反腐作为工作重心，颁布了一系列法律构建反腐清廉制度：金泳三亲自主持修订的《公职人员伦理法》于 1981 年颁布，该法将财产登记确定为公职人员的义务；1993 年《公职人员伦理法》和《金融实名往来及秘密保障的紧急财政经济命令》（金融实名制）出台；1994 年 3 月颁行《公职人员选举和选举不公防治法》；1995 年 3 月颁行《房地产实权者名义登记有关法律》（房地产实名制）；1996 年 12 月颁行《信息公开法》等。

20 世纪 90 年代末，亚洲金融危机爆发，为了缓解金融危机冲击的影响，韩国首次引入 IMF 管理体制。金大中政府时期，韩国反腐的重点从上级公务员转移到中下级公务员，1998 年，韩国修订《公职人员伦理法》，设立"反腐败特别委员会"和"腐败防治委员会"。2001年，《腐败防止法》颁布，确立了韩国反腐败体系的正式成立。2005年，为了提高清廉度，韩国政府设立总统直属的国家清廉委员会，国家清廉委员会要求所有公共机构设立自律性反腐小组，制定了腐败影响评价制度、举报人的保护和补偿制度等一系列新制度。该委员会于 2008年被李明博政府整合成国民权益委员会，综合处理反腐败业务。

2016 年，《禁止不正当请托及收受财物等的法律》（《金英兰法》）正式实施。该法案规定了只要公职人员收受财物，不管与其职务是否有关都要接受处罚，公职人员如从同一人一次收受 100 万韩元或在同一会计年度内累计收受 300 万韩元以上的钱财，可处以 3 年以下的徒刑或 3 000 万韩元以下的罚款。该法案的颁布有效防止了韩国政府腐败蔓延。

（2）韩国廉政建设具体制度。

①机构设置。韩国实行三权分立制，行政权、立法权、司法权分属总统、国会和法院，其中，在反腐清廉中发挥主要作用的机构是司法领域。韩国政府中主要负责打击腐败活动的部门是监察院和检察机关。韩国监察院是由审计院和监察委员会于 1926 年合并而成。其院长由总统提名，经国会同意而任命；监察委员经院长提名，由总统任命。作为监察审计行政权力的监督机构，它根据宪法和法律赋予的权力，对中央政府、地方政府及自治团体、政府投资机构以及依法规定的其他机构进行监察审计，并享有赔偿决定权、惩治权、限期改正权、向司法报告和纠正改善权等。韩国的监察机构是总统、国务总理和法务部长领导下对腐败活动进行起诉的法务部机构。检查系统由大检察厅、高等检察厅和地方检察厅组成，除了接受总统和法务部的领导外，大检察厅的下属机构并不受地方政府的领导，具有独立性。

②制度建设。韩国围绕清廉政府进行了诸多制度建设，主要以预防性政策以及惩罚性手段为主。韩国政商关系复杂，韩国财阀与政府的关系紧密，甚至可以影响政府政策的制定。为了解决韩国腐败的结构性问题，政府围绕《禁止不正当请托收受财物法》建立了禁止及惩罚请托

接受财物的制度，公职人员不得要求或答应收受 100 万韩币以上
（1 次/人），否则，违反者将接受惩戒、刑事处罚和行政处罚；根据
《公职人员伦理法》建立了公职人员财产申报、公开制度，总统和国务
委员等一级以上公务员、国会议员、道长及地方议员等人员，须按诚实
申报原则，对财产及其价值、财产取得日期和取得路径、收入源等情况
向公职人员伦理委员会进行申报并公开。为杜绝利用职务上的便利和信
息进行股票交易，公职人员需要提供股票保有现状和交易明细，其配偶
和直系亲属有诚实配合公职人员伦理委员会审查的义务。为了切断政商
连接，韩国还设立了保密信托制度，即公职人员在任期内把自己及配
偶、直系亲属所拥有的、与职务有关并超过 3 000 万韩元的股票等有价
证券卖掉或信托给与公职无关的受托人，受托人按照信托协议管理。

　　③外部监督。韩国政府在体制内进行反腐建设的同时，也利用了体
制外民众和媒体的力量对于政府进行监督，其主要有国民监察请求制度
和举报及举报人的保护和奖励制度。根据《腐败防止法》，国民监察请
求制度是指 20 岁以上的国民发现公共机关的事务处理不合理时，以
300 人以上联名的形式向监察机构请求监察的制度。举报及举报人的保
护和奖励制度是指韩国对于举报或对腐败行为提供线索的公民提供资金
奖励以及保护的制度。

5. 泰国廉政建设模式

　　泰国是一个高度中央集权的国家，其地方仅享有少数自主权。1999
年，《财政分权法》颁布之后，泰国开始了财政分权的改革进程。

　　（1）泰国财政分权基本情况。泰国地方政府的财政收入只有 3 个
来源：本级政府征收的税收、中央政府征收的附加税和共享税以及中央
政府的转移支付。省级以下地方政府负责征收的税收和收费包括建筑和
土地税、牌照税、屠宰税、垃圾收集费、建筑许可费等；省级政府负责
征收的税收包括旅店税、加油站税、烟草销售税等。中央征收的附加税
包括增值税附加（11.11%）、特别商业税附加（10%）、酒精税附加
（10%）、消费税附加（10%）、酒类零售许可费和赌博许可费附加
（10%）、赛马赌博税附加（2.5%）；共享税包括增值税和矿产石油税，

其中，增值税的 5% 归除曼谷市外的省级政府；60% 的矿产石油税归来源地政府；增值税按分权法转移给各级地方政府。此外，由政府职能部门统一收取的税费也通过税收转移的方式返回给地方政府，具体包括由省级注册机关收取的机动车税费、房地产注册费。泰国地方本级征收的税收占其财政收入的比重相对较低，这可能导致地方政府提供公共服务的积极性也较低。

与周边国家相比，泰国地方政府本级税源收入占本级财政收入的比例相对较低，税收的来源更多是共享税和财政转移支付。泰国中央政府将支出责任和权力下放给地方政府，而收入权力仍由中央政府掌握，这种分权制度对地方政府缺乏激励。同时，泰国中央政府在权力下放的过程中没有将权力和事责对等，导致权力下放不完全，地方较为依赖中央。与此同时，中央政府也对地方政府自然而然地形成某种责任，即保持地方财政的健康运转。因此，当泰国中央政府宣布地方政府应负责维持地方财政的可持续性时，许多地方政府和官员仍然会认为，如果地方政府无法维持地方公共财政，中央政府将承担最终责任。正是由于有了这样的期望，地方政府可能会施行一些偏离可持续性目标的政策，从而带来一定的财政运行风险。

（2）泰国廉政制度建设具体情况。泰国廉政建设起步较早，政府也比较重视反腐败活动。1974 年，泰国颁布的第 10 部宪法明确规定"国家应当组织高效的政府服务体系并尽一切努力防治腐败"。1975 年，泰国颁布了《反腐败法》（anti-corruption，Act），建立了反贪委员会（counter corruption commission），由总统直接领导，负责政府反腐工作。1992 年，泰国修订《公务员法案》，规定了公务员的行政行为。1996 年，泰国出台《两院议员财产申报法案》，初步建立了以财产申报为主要手段的廉政监察机制。20 世纪 90 年代以来，泰国逐渐形成了较为完善的反腐体制，其组织与运作的特点主要表现为强调以国家反贪委员会为主的独立监察机构的作用；建立并完善财产申报审核制度，重视提高反腐工作的效率；提高民主监督的地位，拓宽社会公众参与监督的途径和范围。

让泰国人引以为豪的国家反腐败委员会（national anti-corruption

commission）为主的独立监察体系，一直被视为反腐败的最大成就。国家反贪委员会成立于1999年，其根据是1997年宪法的相关规定和1999年颁行的《反腐败组织法》（organic act on counter corruption）。国家反贪委员会是法定的独立机构，其组成人员（包括委员会主任及其他8名委员）由独立的临时遴选委员会提名、参议院确定、国王任命，对参议院负责，在执行法定职责过程中不受行政或司法机关的制约，而且在反腐调查过程中，拥有广泛的调查权和独立的公诉权，有权向政府机构和司法部门调取所需的资料，有权扣押相关证据，通过向法院申请可以取得搜查权和逮捕权，在确认犯罪证据确凿后，可以通过检察院向法院提起公诉，并且在检察院拒绝提起公诉的情况下，还有权独立提起公诉。其工作重点包括根据《反腐败组织法》的规定对议员和政府高官的财产申报进行审核，并就可疑的财产问题开展独立调查；根据1999年颁布的《政府采购法》（The Offence Relating to the Bid to the Government Agencies Act）的授权，对政府采购行为实施监管；根据2000年颁布的《部长持股法》（The Partnership and Share Management of the Minister Act）的授权，对政府部长可能涉及的非法持股问题展开独立调查。根据1997年宪法设立的其他与反腐机制相关的独立机构还包括：

①选举委员会（Election Commission，EC），主要负责监察全国及地方各级议会选举中的违规行为，尤其是贿选行为。

②宪法法庭（The Constitutional Court，CC），主要负责对政府的违宪行为作出裁决，但同时也有权对涉嫌舞弊的议员或高官作出五年内不得从政的裁定，从而能够给予尚不构成刑事犯罪的腐败分子以严厉的行政惩戒。

③国家审计委员会（State Audit Commission，SAC），其执行机构为审计总署（the office of the auditor general，OAG），主要负责审计国家及地方各级政府的财政收支情况，防止并查处舞弊行为。

④国会调查员（Parliamentary Ombudsmen，PO），主要职责是接受民众对政府行政行为的投诉，展开独立调查并向国会汇报。虽然根据1999年颁布的《调查员组织法》（The Ombudsman Act）规定，国会调查员并不具备反腐职能，因此，在调查过程中如若发现腐败行为，就应

当全案移交有关机构，不过，作为与民众联系紧密并拥有独立调查权的机构，其仍具有明显的反腐发现机制作用。此外，根据1999年颁布的《反洗钱法案》设立的反洗钱局（The Anti Money Laundering Office，AMLO），也在反腐机制中担负着重要职责。

6. 哈萨克斯坦廉政建设模式

快速的经济发展并不能完全代表一个政府的执政效力，在经历了一段时期的快速发展以及在腐败惩治上的空白之后，哈萨克斯坦政府意识到反腐在国家建设和经济社会发展中的重要性，并开始腾出手来在反腐领域加大惩治力度。从21世纪初开始，政府着手制定一系列相应的法律法规，成立许多惩治腐败的机构，在政策层面给予反腐法律支持，不断建立和完善腐败惩治的体系。最近几年，哈萨克斯坦政府的腐败惩治力度更是不断加大，其"铁腕反腐"的势头已不可忽视，从一些不断曝光出来的高官腐败现象中便可窥见，这也开启了哈萨克斯坦国内新的反腐大潮。

（1）制定反腐政策。哈萨克斯坦是独联体中仅次于俄罗斯的第二大国。独立后的20年间经济取得了巨大的成就。但是独立之初，由于国家对腐败惩治工作的忽略，导致了大量的腐败现象的发生，造成了巨大的经济损失。哈萨克斯坦政府惩治腐败政策的历史沿革经历了以下几个阶段：

①法律制定阶段。20世纪90年代末是哈萨克斯坦反腐法律的一个制定阶段。1998年7月2日，哈萨克斯坦共和国总统纳扎尔巴耶夫签署《哈萨克斯坦共和国反腐败法》。哈萨克斯坦政府正式颁布官方的反腐文件，这是整个国家反腐的纲领性指导文件，同时也标志着哈萨克斯坦政府全面向反腐这一社会毒瘤宣战。哈萨克斯坦制定并颁布实施该法，主要出于两方面的考虑：其一，通过预防、调查、制止和揭露与腐败现象相关的违法行为，判定腐败现象的后果并追究责任人之责任，保护公民的权利和义务，保障哈萨克斯坦的国家安全免受腐败的威胁，同时也保障国家机关、行使国家职能的官员、其他人员以及同类人员的有效活动；其二，扩大国家管理方面的民主原则、公开性和监督性，加强居民

对国家机关的信任，鼓励内行的专门人才为国家效力，创造无法向履行国家职能者行贿的条件。

②反腐败机构建立阶段。2001 年 4 月 11 日的政府决议通过了实施 2001—2005 年国家反腐败行动的计划，旨在建立反腐败斗争的法律框架，防止公共服务领域的腐败，阻止地下经济成为腐败的来源，加强执法机构和司法体系的建设，宣传国家反腐败政策，开展反腐败国际合作。为行使对国家预算执行情况的外部控制并防止政府当局和机构的腐败，2002 年 8 月 5 日，哈萨克斯坦通过第 917 号总统令成立了审计委员会，并通过了审计委员会章程。2002 年，哈萨克斯坦成立了一个由总统直接领导的处理反腐败斗争问题的总统委员会。2003 年 12 月 23 日，哈萨克斯坦共和国金融监管机构变更为哈萨克斯坦共和国金融警察。2011 年，哈萨克斯坦政府成立了一系列反腐机构，监督公务人员，打击腐败行为。其中包括直属总统纳扎尔巴耶夫的"打击腐败和国家公务员职业道德国家委员会""打击经济犯罪和腐败署"以及隶属政府各部门的常设纪律委员会。各级地方政府还成立了由护法机构和检察院组成的协调委员会。纳扎尔巴耶夫曾多次表示，腐败不仅严重削弱国家经济竞争力，阻碍社会民主变革，更动摇了法律在民众心中的神圣地位，使政府失去民众的信任和支持，因此，必须重拳打击。《哈萨克斯坦反腐法》规定要求政府要每五年制定一次系统的国家反腐计划。

③制定长期反腐规划阶段。2014 年 11 月 12 日，哈萨克斯坦向社会公布了下一个十年的反腐计划。哈萨克斯坦总统反复提及，反腐败工作事关经济发展大计。哈萨克斯坦政府为打击经济犯罪和腐败设立热线电话，鼓励民众举报腐败行为，并且建立公众对政府部门反腐败程度年度评价机制，及时向社会公布评价结果，保障政府外部的监督渠道畅通。2013 年，哈萨克斯坦规定国家工作人员在担任公职期间，下属因腐败获刑，上级应引咎辞职。

这一系列接连不断而重大的政策和机构调整，给哈萨克斯坦国内反腐力量注入了一剂又一剂强心针，加大了国内反腐的力度。从不断曝光和惩处的腐败案件可以看出，哈萨克斯坦政府的反腐进入了一个新的历史时期。

（2）建立反腐败机构。除了法律和制度方面的惩治，近年来，哈萨克斯坦还成立了一系列与腐败惩治直接相关的机构。反腐有法律支撑，有政策引导，也要有专门的机构来执行。任何一环都是国家惩治腐败不可缺少的重要组成部分。同样是独立之初遗留下的制度空缺，在相当长的一段时间里，哈萨克斯坦缺少对政府官员的监管和审计工作。这一缺失直接导致了腐败现象如燎原之火般猖獗。所以，在最终确定了总统集权的权力模式以后，哈萨克斯坦开始成立相关机构来对腐败问题下大力气进行惩治。对政府和官员的财政开支进行审计的审计委员会、由总统直接领导的处理反腐败斗争问题的总统委员会、哈萨克斯坦共和国金融监管机构变更成为的哈萨克斯坦共和国金融警察以及隶属政府各部门的常设纪律委员会等与惩治腐败相关的机构如雨后春笋般相继成立，从许多方面对腐败现象进行监控和惩治，这也标志着哈萨克斯坦政府惩治腐败正一步一步走向成熟。之后，哈萨克斯坦的行政腐败问题得到很大程度的遏制和约束。另外，总统委员会的成立进一步对行政这一容易滋生腐败的领域进行限制。对总统直接负责的设定省去了许多麻烦，同时也能更加有效地监管哈萨克斯坦的行政腐败现象。对于金融领域，新成立的金融警察行使了监管腐败的职责。各部门各司其职，有专门的监管机构，这在很大程度上对腐败现象起到了约束作用。

第四章　数字财政与财政清廉高效模式研究

第一节　数字经济与数字化政府

1. 数字经济

数字经济（digital economy）是 20 世纪末伴随着人类社会迈进信息技术时代而形成的一种区别于农业经济、工业经济的新型经济运行系统。它的产生和发展，建立在现代信息通信技术的基础之上，是人们将现代信息通信技术广泛应用于各种产业经济活动和商业交往方式的结果（陈晓红等，2022）。数字经济最早由唐·塔普斯科特（Don Tapscott）于 1996 年在其著作《数字经济》中提出。此后，随着大数据、云计算、区块链等信息技术的迅猛发展和广泛应用，数字经济得到蓬勃发展，世界主要国家都加紧布局数字经济发展，制定战略规划、加大研发投入，力图打造未来竞争新优势。据中国信息通信研究院发布的《全球数字经济白皮书（2022 年）》数据显示，2021 年，全球 47 个国家数字经济增加值规模为 38.1 万亿美元，同比名义增长 15.6%，占 GDP 比重为 45.0%。其中，美国数字经济蝉联世界第一，规模达到 15.3 万亿美元；中国位居第二，规模为 7.1 万亿美元。数字经济俨然成为世界经济增长的新引擎、国际竞争的新焦点。

面对世界数字经济转型的大趋势，我国高度重视数字经济发展，形成了日益完善、日趋优化的顶层设计和政策体系。习近平总书记多次强调要发展数字经济，推进数字产业化和产业数字化。党的十九大报告提出要建设网络强国和数字中国。国民经济和社会发展"十四五"规划纲要指明要"加快数字化发展、建设数字中国"，对我国发展数字经济作出明确指示和部署。党的二十大报告指出，加快发展数字经济，促进数字经济和实体经济深度融合，打造具有国际竞争力的数字产业集群。可见，数字经济已经成为我国经济稳定发展的重要基石。如何发展数字经济，赋能经济高质量发展，把握新一轮科技革命和产业变革的战略机遇，成为当前建设社会主义现代化的重大研究课题。

2. 数字化政府

数字经济的快速发展给政府提出了更高的要求，推动着政府职能的转变和升级。相较于传统经济形态，数字经济时代的社会信息和社会资源都实现了数字化，个人和组织的生产方式、生活方式都发生了深刻的变化。在数字经济、数字社会奔涌发展的浪潮下，政府需要与时俱进，更新理念，打造符合数字经济发展规律的数字政府。建设数字政府是促进数字经济高质量发展的必选项。那么，究竟什么是数字政府？数字政府是将数字技术广泛应用于政府管理服务，实现政府数字化转型，推动政府治理流程优化和模式创新，不断提高决策科学性和服务效率的政府运行新形态。因此，数字政府是整个社会经济数字化过程中的关键变量，既是政府侧数字化转型的具体实践，也是我国数字经济和数字社会发展的引领者，更是国家治理体系和治理能力现代化的重要推动力。

我国高度重视数字政府建设，已将其作为我国的重大战略。党的十九届四中全会明确提出，要建立健全运用互联网等技术手段进行行政管理的制度规则，并推进数字政府建设。这是首次将数字政府写入党中央文件。国民经济和社会发展"十四五"规划和2035年远景目标纲要提出，要加强数字政府建设，提升公共服务、社会治理水平，为我国建设数字政府提供了方向和目标。2022年7月国务院印发《关于加强数字政府建设的指导意见》，明确了数字政府在数字化发展全局中的定位，并构建了数字政府的体系框架。从国家顶层设计高度，对新时代全面开创数字政府建设新局面进行了清晰定位、规划部署和全新动员。

在中央政府的政策指导下，各地政府纷纷行动。作为数字经济强省，浙江省在探索建设数字政府方面一直走在全国前列。2003 年，浙江省首次提出"数字浙江"建设，强调政府的信息化，开启电子政务发展征程。2010 年，浙江省率先建成集信息公开、咨询服务、网上审批、效能监察于一体的省政府网上办事大厅。浙江省早期的信息化探索适应了现代信息技术发展的趋势，为政府数字化转型奠定了基础。2014 年，浙江省以"四张清单一张网"改革为引领，建成国内首个省市县一体化建设与管理的"互联网＋政务服务"云平台，率先实现政务服务上线运行。"四张清单"指政府权力清单、政府责任清单、企业投资负面清单、省级部门专项资金管理清单，"一张网"指浙江政务服务网。将全省重要事项清单化，实现数据资源集中共享、网上服务一站汇聚，倒逼政府加快职能转变，推进政府自我完善。2017 年，浙江省全面启动"最多跑一次"改革，持续拓展网上政务功能、优化服务体验、推进模式创新，让数据多跑路、群众少跑腿，引领全国"放管服"改革的进程。2018 年，浙江省推动"最多跑一次"改革向纵深发展，正式启动实施"政府数字化转型"，数字政府建设进入加速发展期。2022 年，浙江省政府印发了《关于深化数字政府建设的实施意见》（以下简称《意见》），明确了浙江数字政府建设两个阶段目标：到 2025 年底，实现政府履职核心业务数字化全覆盖，"掌上办事之省""掌上办公之省""掌上治理之省"基本建成，政府治理体系和治理能力现代化水平显著提升；到 2035 年，高水平建成"整体智治、唯实惟先"的现代政府，为基本实现高水平现代化和共同富裕提供强大动力和法治保障。《意见》同时提出了全面推进政府数字化履职能力体系建设的具体举措和任务。总体来看，浙江省的数字政府建设在全国已经形成较为明显的先发优势。

3. 财政数字转型

财政是国家治理的基础和重要支柱。财政制度体现了政府与市场、政府与社会、中央与地方之间的关系，在国家治理体系中处于基础位置，深刻影响着我国政治、经济、文化、国防等领域。党中央历来重视财政制度建设。党的十八届三中全会明确提出，要深化财税体制改革，建立现代财政制度。党的十九大报告对加快建立现代财政制度进行全面部署。党的二十大报告要求健全现代预算制度，优化税制结构，完善财政转移支付体系，为构建高水平社会主义市场经济体制、全面建设社会主义现代化国家提供有力保障。由此可见，新时代的中国财政被赋予了全新的历史定位，必将承担重要使命和任务。

当今世界正经历百年未有之大变局，地缘政治冲突加剧，不确定因素增多，总体复苏态势疲弱。面对复杂严峻的国际形势，我国经济运行总体平稳，2020～2022三年经济平均增速约为4.5%，明显高于世界平均水平。然而，贸易保护主义抬头导致我国产业链供应链安全面临挑战。在此背景下，财政只有不断地适应时代，化解各种风险和挑战，才能更好地支撑中国全面建设社会主义现代化国家。这就要求财政部门分析研判财政经济形势，在经费保障、税收优惠等方面精准施策，为经济社会发展提供有力支撑。

当前，我国财政仍然面临不少问题，这些问题在一定程度上制约了经济发展和社会进步。在预算管理方面，完整科学的政府预算体系尚未形成，科学民主的预算决策制定机制还不健全，预算编制和预算执行的科学化精细化程度仍需提高，预算绩效管理的理念还未全面树立。预算编制不够细化，约束偏软，导致在执行过程中大量预算支出没有落实到具体项目和单位。在现行的预算体制下，科技、教育、医疗、社保等支出必须与财政收支增幅或者GDP挂钩，导致地方政府难以统筹安排财政资金。年度预算由于执行时间的限制导致了预算部门的年末突击花钱行为，降低了财政资金使用效益。另外，受制于绩效评价机制、评价指标体系和专业人员素质等问题，绩效预算尚未大规模推广。预算透明度较低，目前公开的只是静态数据，大多只是"类"预算，比较笼统，缺乏公开预算制定和执行等过程的具体资料，不利于权力机关、社会公众监督，容易导致财政资源错配，助长奢靡之风，影响政府公信力。

在财政收入方面，宏观税费负担高，而且以商品服务税为主的税制结构使得税负分配不合理、不透明，税收效率功能、公平功能难以发挥，甚至起了逆向调节作用，在解决产能过剩、调节收入分配差距、促进资源节约和生态环境保护等方面不能有效发挥作用，税收优惠政策过多过滥，也不利于公平竞争和统一市场环境建设。在财政支出方面，支出结构不合理，财政资金用于固定资产投资比例过高，行政机关自身支出比例过大，导致财政资金投入公共服务、社会保障部分较低。支出受益归宿不公，地区间、城乡居民间、不同社会群体间的基本公共服务供给与分享存在巨大差距。因此，如何加快现代财政制度建设成为一个迫切需要解决的问题。

在当今数字经济时代，数字政府的发展为现代财政制度建设提供了难得的机遇。建立现代财政制度就是要建立全面规范、公开透明的现代预算制度，建立健全有利于科学发展、社会公平、市场统一的税收制度体系，调整中央和地方政府间财政关系，建立事权和支出责任相适应的制度。财政数字化转型是财政部门落实现代财政制度建设部署的有力举措，是推动政府治理体系和治理能力现代化的重要抓手。

财政数字化转型是利用现代数字和信息技术挖掘财政数据资源价值，推动传统财政走向数字财政，优化财政收支结构，提高财政资金使用效率，促进社会公平，实现财政体制现代化和财政治理体系数字化发展。周子衡提出财政数字化是我国数字经济历经数字支付、数字法币之后发展的第三个增长极和关键的跳跃。财政数字化转型是财政治理体系数字化的长期动态演进过程。1994 年的"金税工程"和 1999 年开始的"金财工程"从收入管理、支出管理两个侧面推动了中国财税管理的信息化进程，初步形成了一套规范的财政数据标准体系，为之后的数字财政建设奠定了基础。伴随着基础设施布局的不断扩围，财政信息化程度得以不断完善。2018 年财政部印发《财政部网络安全和信息化建设管理办法》，要求大力推进信息系统集中化部署，支撑财政预算、国库管理业务横向到边、纵向到底的管理目标；积极开展财政大数据应用，着力推动财政网信工作从以"流程为主线"向以"数据为核心"转变，财政数字化转型随即加速。2019 年以来，财政部强化了对各省数字财政建设的规划与部署，要求将制度规范与信息系统建设紧密结合，在全国统一技术标准及业务规范的基础上构建数字财政系统。

第二节　数字财政的内涵、特征与功能

1. 数字财政的内涵

在数字经济时代，财政数字化转型是建设现代财政的必由之路。财政数字化转型的目标是构筑数字财政体系，提高财政治理水平和效率，进而推动国家治理体系和治理能力的现代化进程。数字财政的定义并未有统一的界定，结合实践经验，学者们从多个角度丰富和完善了数字财政的内涵。王志刚（2020）认为数字财政是以财政大数据价值为基础、财政大数据应用为支撑，以现代信息技术（大数据、云计算、人工智能等）为主要手段，实现优化收支结构、提高效率以及促进公平的政府收支活动。数字财政充分体现了财政治理与数据治理的融合。谢易和等（2021）提出，数字财政不是简单的"数字＋财政"，而是数字化的财政，反映的是高度"数"化的财政运行、组织和管理形态，将诸多复杂多变的财政活动信息转变成可以度量的财政数字、财政数据，再根据这些数字、数据建立起适当的财政数字化模型，并加以高效率、标准化处理，实现各类财政活动效率提升，最终实现促进经济社会健康、可持续发展的目的。由此可见，数字财政是一个复杂的系统，不仅是把数字化技术运用于财政管理过程，而是要全方位改进和创新财政业务流程及财政治理体系。从本质上讲，数字财政并非颠覆传统财政，而是数字技术对财政收支活动进行全方位的重塑，让财政的资源配置、收入调节、稳定经济、经济发展等职能得到更好发挥，让财政政策更加精准、高效。

2. 数字财政的特征

（1）以大数据为基础。大数据是建设数字财政的基础。伴随着大数据、物联网、云计算等信息技术的深入发展，以及生活中产生的数据呈几何级的增长，人们身处巨量资料的大数据时代。大数据深度影响商

业运转模式和人们的生活模式，进而也将深度影响政府治理流程乃至国家治理模式的选择。大数据把海量、多样化和高增长率的数据增值作为信息资产，优化了事务处理的流程并能够发现隐藏的内源性问题，为科学决策提供了有力基础。财政是联系全社会政治系统、社会系统和经济系统的媒介，是政府各部门信息的天然"聚集地"，因此，财政大数据有着举足轻重的作用。数字财政就是以财政大数据为核心资源，借助现代化信息技术，以财政数据采集、整合和分析、运用为手段，实现财政管理业务流程的整体性转变和革命性重塑。财政管理业务流程再造极大地拓展了财政管理的深度和广度，业务的纵深发展导致管理信息几何级增长。财政部门再对数据进行深度共享和开发利用，努力做到用数据说话、用数据管理、用数据决策、用数据创新。大数据运用又将反过来推动管理流程不断优化，进而推动财政管理向更深更广的维度发展。

（2）跨部门、跨层级。跨部门协作是数字财政的关键。由于财政管理分属于不同的政府部门，而不同地方的财政又呈现不同的特点，尤其是资产、预算的管理几乎涉及了每个单位，因此，如何统筹协调部门与部门、部门与区域、区域与区域相互之间的数据采集、分类、共享、汇总的问题是关键性问题。建设数字财政体系是一个多方互动的过程，需要通过合作、协商、确立认同等方式逐步推进新型财政制度的有效实施。要科学合理实现跨部门协作，必须从观念、制度、组织、技术等方面进行改进。在观念上，强化财政部门数据密集型综合管理部门的职能定位，推进财政与组织、人力资源和社会保障、税务、人民银行等跨部门数据连通，夯实预算管理基础。在充分考虑各部门需求与充分发挥各自优势的前提下进行跨部门协作，将相关部门纳入数字财政体系，共同分享协作成果和承担协作失败的后果。在制度上，财政部门牵头制定实施细则，合理界定其他相关部门在数字财政体系的权责边界，细化跨部门跨层级的协作方法，精简整合过于繁杂的协作协调机制，明确部门内部纵向机构间的协同整合，明晰部门内部横向机构间的工作权限，逐步建立数字财政跨部门协作绩效评价指标体系。在组织上，由国务院明确授权财政部负责领导财会监督跨部门协作，并赋予财政部相应权限进行权威化管理。在技术上，建立财政信息标准体系，按标准规范财政数据，使标准财政信息能够在不同用户之间实现无障碍流动。构建相互独立又彼此互通的财政数据共享平台，基于规范统一的数据格式实现跨部门数据交换与整合，信息系统互联互通，为财政经济运行分析、资金安排使用、制度优化设计提供参考。

（3）公开透明。公开透明是数字财政的基本特征。技术创新减少了信息存储、分析和传输的成本，尤其是会计电算化系统以及通过网络公布信息节省了大量成本，使得政府可以实时地估计财政赤字和负债，并提炼和发布更为详尽的财政信息。正因如此，数字技术的应用使权力运行全程数据化、透明化，有助于在政府与公众之间建立更畅通的信息沟通渠道，有效避免人为干预，提升财政公开度和透明度，保障人民的知情权、参与权、表达权、监督权，从而减少了权力运行的随意性。

数字财政体系必须是一个公开透明的财政制度，而公开透明的财政制度首先要预算公开透明，要充分保证公众的知情权、参与权以及监督权，要让公众了解政府活动的范围和方向。其次建立公开透明的数字财政也必须要从预算制度改革开始，预算制度是数字财政制度的基础和核心，预算管理制度的确定将直接规范财政支出、收入的原则，进而对其平衡和有限管理产生影响。因此，构建数字财政制度的实质就是在以预算为核心、以收支为两翼的架构下逐步展开。要立足于建立数字财政体系，在转变政府职能、合理界定政府与市场边界的基础上，充分考虑公共事项的受益范围、信息的复杂性和不对称性以及地方的自主性、积极性，合理划分中央与地方事权和支出责任，将政策落到实处。数字财政是一个全新的，高效透明、硬化预算约束、遵守财政纪律的运行体系。

（4）智能决策。智能决策是数字财政的执行目标。财政部门是综合性的信息集中地，数字财政通过大数据应用把海量的数据转为有效资产，不仅能够预测经济风险，还能推动决策的智能化、科学化与精细化，形成高效率、低成本的财政治理新模式。大数据思维是构建数字财政的突破口，通过对海量财政信息进行共享与挖掘，深入分析财政资金的运行效果，透过纷繁芜杂的财政运行现象清晰地发现隐藏的内源性、本质性问题，有效增进财政管理的效益，为明晰财政管理变革的方向提供有力的数据支撑，完善公共财政管理体系。

3. 数字财政功能

（1）提高资金管理质效。数字财政以数字化手段规范资金运行，对财政资金存放、审批、拨付、使用全流程各环节进行科学管理，可以保障财政资金的安全，提高资金的使用效益。在财政资金存放方面，依托数字化手段，实现招标、投标、开标、评标全过程线上操作，信息公开透明，不仅可以从技术上阻断利益输送，还大幅提高了工作效率。在资金审批方面，可以构建相关计量模型对现实进行仿真模拟与预测，缩小决策失误的范围，减少资金的浪费。通过财政资金的分配及对其他资源流向的引导，形成合理的产业结构和资源结构，提高资金的利用效率。在资金拨付方面，数字财政重构了资金下达流程，更为快捷、高效和规范，大大提高了财政资金的到位率，加快了财政资金拨付速度。在资金使用方面，数字财政可以跟踪资金的使用情况，实现对财政资金的全天候、不定期查询，实现对资金的全景和全流程分析及监控，对微观主体的资金使用效果进行及时评价与反馈，从而提高财政资金的使用效率。总之，数字财政通过建立全覆盖、全链条的财政资金监控机制，实时记录和动态监控资金的存放、审批、拨付、使用情况，实现资金从源头到末端全过程流向明确、来源清晰、账目可查，提高资金管理质效。

（2）提升财政治理能力。数字财政是全面提升财政治理能力的重要抓手。数字财政以大数据为基础，以现代信息技术为手段，可以更好地整合包括宏观、微观、政府、企业和居民各个层次和类型的数据信息，为拓展政府收入来源、降低成本开支、优化资源配置奠定基础。通过规范化的数据分析模型和科学决策分析系统，充分利用海量的财政数字数据，寻找规律，提高税收征管能力，为财政增收提供支撑。数字财政还可以节约成本，减少资金漏损，显著提高资源的配置效率和使用效益。数字财政还可以发挥"财政管理乘数"效应，让财政管理更加智能化、人性化，进而提升财政管理效能。通过构建经济预测和调控模型，并基于大数据预测和判断结果，实施精准、高效和前瞻性的财政调控政策，促进社会经济持续、稳定地高质量发展。

（3）提高政府公共服务能力。提供高质量的公共服务是服务型政府的基本要求，而高质量的公共服务需要有效的治理机制来予以保障。数字财政为政府提高公共服务能力提供了新机遇。政府是全社会最大的数据源和信息源，大数据已经成为了政府提供高质量公共服务的一个重要手段。通过数字化手段，公众可以及时获取相关财税政策或资金信息，对政府公共服务进行有效反馈，从而政府可以对公众需求和建议作出及时响应。数字财政提升了财政与公众之间的互动频率和沟通质量，有利于政府准确掌握公共需求，优化资源配置，能使公共服务提供更加精准、主动和现代化。

第三节　数字化背景下财政清廉高效模式研究

1. 数字化转型是实现清廉政府的有效路径

腐败是世界各国政府面临的难题。财政部门是政府的经济管理部门，掌控着财政资金的筹集、分配、管理和监督的权力，因此更是腐败的重灾区。社会中更广泛认可的一种说法是"绝对权力导致绝对腐败"。

财政腐败既是一种经济腐败又是一种政治腐败。财政腐败的主体为国家财政领域的公共权力行使者，财政腐败往往与财政资金流失或使用效率相联系（李炜光和姚丽莎，2011）。从财政腐败的手段来看，可以将其划分为"权权交易"腐败和"权钱交易"腐败两类。从财政腐败的目的来看，可以将其区分为利己主义腐败和利他主义（或小团体主义、地方保护主义）腐败两类。从财政腐败的主动发起方来看，可以将其区分为贪污、受贿、敲诈等类型。从财政腐败的性质来看，可以将其区分为管理人员单独行动的个人腐败和管理人员串通起来联合行动的组织腐败两类，等等（刘志芳和刘学之，2006）。在我国，党的十九大报告强调，要健全党和国家监督体系，加强对权力运行的制约和监督，把权力关进制度的笼子里。反腐败永远在路上，保证干部清正、政府清廉、政治清明，才能确保党和国家长治久安。财政作为国家治理的基础和重要支柱，建设清廉高效财政，不仅是贯彻落实清廉政府建设的具体举措，更是建立现代财政制度、提升治理能力的内在要求。

同时，党的十九大报告指出，要健全党和国家监督体系，加强对权力运行的制约和监督，让人民监督权力，让权力在阳光下运行，把权力关进制度的笼子里。由此可见，提高财政透明度是抑制财政腐败的一种重要手段。财政透明度的核心是公众能够及时、充分地获取政府的财政信息，以正确评价政府公共受托责任的履行情况。提高财政透明度，对于强化政府公共受托责任、降低政府代理成本以及减少腐败、建立清廉政府，都具有重要意义。财政透明度的核心是公众能够及时、充分地获取政府的财政信息，以正确评价政府公共受托责任的履行情况。从这层意义上讲，提高透明度是社会进步的一个重要标志。目前政府以"三公"经费改革为突破口，已经在不断探索增强财政支出透明度的方法，其他领域也应如此。进一步提升政府财政透明度水平，使之与国家治理体系和治理能力现代化相适应，还需要从以下几个方面作出不懈努力：首先，进一步细化《中华人民共和国预算法》中关于财政信息公开的内容，修订《中华人民共和国保守国家秘密法》中不利于财政信息公开的条款，为财政信息公开提供坚实的法律基础。其次，引入公众的参与机制，强化公众的参与监督机制，取消依申请公开的"相关性"原则，使得公众的财政信息公开申请不局限于自身生产、生活、科研等特殊需要。最后，充分发挥媒体、学术界等社会各界的监督作用，政府会计改革、大数据、云计算等信息技术的支撑作用，实现地方财政透明度的多元主体共同治理。数字化转型能有效提高财政透明度。数字化是指利用互联网、大数据、人工智能等现代信息技术，对企业、政府等各类组织的业务模式、运行方式进行系统化、整体性的变革。数字化不仅是信息化，它还强调数字技术对整个组织的赋能和重塑。

2. 数字化如何与实现清廉政府进行有效结合

（1）云计算成为政府数字化转型的关键核心技术。当下，建设数字中国已经成为我国发展的主旋律，云计算也已经成为推动数字经济发展的重要驱动，成为新一代信息技术产业体系创新发展的重要支撑。从全国数字经济来看，总量上，近年来中国数字经济规模保持快速增长，占 GDP 比重持续上升。根据中国信通院测算数据显示，2018 年我国数字经济总量达到 31.3 万亿元，占 GDP 比重超过 1/3，达到 34.8%。但相对于发达国家（美国、德国、英国）数字经济占 GDP 比重超过 50%，仍有很大提升空间（见图 4－1）。目前我国数字经济增速将近 20%，已超过上述发达国家。未来，伴随着数字经济蓬勃兴起，以云计算为代表的新一代信息技术创新和产业融合创新步伐也将不断加快，在推动经济发展、质量变革、效率变革、动力变革方面继续发挥更为重要的作用。随着云计算产业结构持续优化，SaaS（软件即服务）、PaaS（平台即服务）占比不断提升，混合云成为产业新的支撑点。云计算技术在行业应用方面已经广泛普及，云计算企业、用户单位、第三方机构等共同参与，探索形成了有效的工作模式。

云计算产业在智慧城市等社会治理环节中充当着重要的角色，逐步"大显神通"。政府数字化转型是一次全方位、全领域的系统改革，需要顶层设计，也需要顶层设计流程规范，以保障改革进程有目标、有方向、有路径、有节奏地持续推进。基于完善的公共数据共享交换技术规范和管理办法，打破信息孤岛，打通数据壁垒，实现跨层级、跨区域、跨部门、跨系统、跨业务的数据共享，让数据流动起来，实现数据资产化、服务化、价值化，从而加速政府数字化转型。随着互联网时代的全面到来，政府数字化转型已成为国家治理现代化要解决的重要课题。"上云"已被视为助力数字化转型的重要手段。政府相继出台政策也印证了政府相关部门对推动数字化转型、实现新旧动能转换的决心。

（2）云计算技术的特征与分类。现阶段广为接受的云计算定义是由美国国家标准与技术研究院提出的：云计算是一种按使用量付费的模式，这种模式提供可用的、便捷的、按需的网络访问，进入可配置的计算资源共享池（资源包括网络、服务器、存储、应用软件、服务），这些资源能够被快速提供，只需投入很少的管理工作，或与服务供应商进行很少的交互。国内比较权威的是工业和信息化部电信研究院出版的《云计算白皮书（2012 年）》中给出的定义，即"云计算是一种通过网络统一组织和灵活调用各种 ICT（信息和通信技术）信息资源，实现大规模计算的信息处理方式"。云计算是一种革新的、基于互联网的计算方式，通过这种方式共享的软硬件资源和信息可以按需提供给用户的计算机和其他设备。多个用户可共享同一个应用，进而实现计算在用户间的共享，提高处理器和存储设备的利用率。云计算的关键技术包括虚拟化技术、多租户技术、资源调度、编程模型技术、存储技术、数据管理技术等。

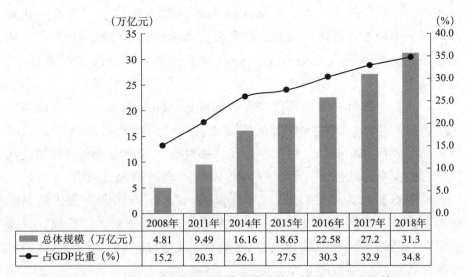

	2008年	2011年	2014年	2015年	2016年	2017年	2018年
总体规模（万亿元）	4.81	9.49	16.16	18.63	22.58	27.2	31.3
占GDP比重（%）	15.2	20.3	26.1	27.5	30.3	32.9	34.8

图 4-1 2008~2018 年中国数字经济总体规模及 GDP 占比情况

资料来源：《G20 国家数字经济发展研究报告（2018 年）》。

①云计算核心四大特征。

第一，按需服务。以服务的形式为用户提供应用程序、数据存储、基础设施等资源，并可以根据用户需求自动分配资源，而不需要系统管理员干预。

第二，弹性架构。服务的规模可快速伸缩，以自动适应业务负载的动态变化。用户使用的资源同业务的需求相一致，避免了因为服务器性能过载或冗余而导致的服务质量下降或资源浪费。

第三，资源共享。资源以共享资源池的方式统一管理。利用虚拟化技术，将资源分享给不同用户，资源的放置、管理与分配策略对用户透明。

第四，服务可测量。云系统对服务类型通过计量的方法来自动控制和优化资源使用（如存储、处理、宽带及活动用户数）。资源的使用可被监测、控制及可对供应商和用户提供透明的报告（即付即用的模式）。

②云计算的多种分类。

第一，按照云计算服务提供的不同资源所在的不同层次，云计算可被分为三类：IaaS、PaaS、SaaS（云计算三种分类对比见图4-2，三种分类间的联系见图4-3）。从 IaaS 到 SaaS 都越来越接近"傻瓜"式软件，利于用户直接使用。因此，如果说技术革新对硬件使用效率提升和成本降低更多体现在 IaaS 层面，SaaS 则是在享受硬件改善的基础上，通过降价（以年费方式降低使用门槛）的方式扩大了市场。

a. IaaS 全称为"设施即服务"（infrastructure-as-a-service），提供的是服务器、存储、网络硬件等底层设施资源，用户购买 IaaS 产品后必须自己完成环境配备和应用程序开发，一般商业客户很难直接使用，其使用对象大多是软件开发者，特别是 PaaS 及 IaaS 产品开发者。

b. PaaS 全称为"平台即服务"（platform-as-a-service），提供的是软件部署平台，比如虚拟服务器和操作系统，用户不需要关注底层，只需要根据自己的逻辑开发应用程序，适合自身特点明确、IT 预算高的大型商业客户或应用程序开发商。

c. SaaS 全称为"软件即服务"（software-as-a-service），提供的是可以直接使用的软件，使用对象是一般商业客户，客户登录浏览器就可以打开使用。

IaaS、PaaS、SaaS 提供商可以互相跨界。目前，IaaS 的厂商一般可以进行进一步的资源打包，提供数据库、应用中间层包 runtime 等，形成公有 PaaS 平台，如亚马逊 AWS。而提供 SaaS 的厂商在为一般商业客户提供通用性比较强的 SaaS 产品的同时，也会为一些大型商业客户打造符合其他们自身特点的私有 PaaS 产品，甚至会有一些自己的 IaaS 产品，比如 Oracle。

第二，按云计算提供者与使用者的所属关系为划分标准，将云计算分为三类，即公有云、私有云和混合云（见表4-1），云计算核心四大特征如图4-4所示。

IaaS Infrastructure as a Service	PaaS Platform as a Service	SaaS Software as a Service
面向对象：企业/开发者 交付物：基础资源 具体包括：计算、存储、网络 特点：为客户系统提供基础资源支持	面向对象：开发者 交付物：单项能力 具体包括：数据分析、人工智能、Docker；推送、通信、语音识别、图像识别、统计、广告等 特点：常提供开发平台或以API、SDK的形式被客户应用调用	面向对象：企业/个人 交付物：软件应用 具体包括：管理型应用、业务型应用、行业型应用 特点：常为通用性较强的日常业务，如IM、OA、SaaS可以调用PaaS层能力，也可以使用IaaS层资源独立开发

图 4 – 2　云计算三种分类对比

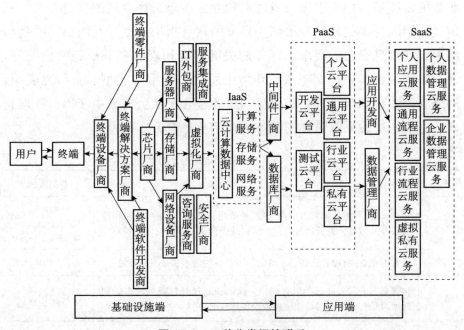

图 4 – 3　三种分类间的联系

　　a. 公有云（public cloud）。公有云是由若干企业和用户共同使用的云环境，IT 业务和功能以服务的方式，通过互联网来为广泛的外部用户提供相关服务；用户无须具备针对该服务在技术层面的知识，无须雇佣相关的技术专家，也无须拥有或管理所需的 IT 基础设施。Amazon、Google Apps 和 Windows Azure 都属于公有云的范畴。在公有云中，用户所需的服务由一个独立的、第三方云提供商提供。该云提供商也同时为其他用户服务，这些用户共享这个云提供商所拥有的资源。

b. 私有云（private cloud）。私有云是由某个企业独立构建和使用的云环境，IT能力通过企业内部网，在防火墙内以服务的形式为企业内部用户提供；私有云的所有者不与其他企业或组织共享任何资源。私有云是企业或组织所专有的云计算环境。在其中，用户是这个企业或组织的内部成员，他们共享着该云计算环境所提供的所有资源，公司或组织以外的用户无法访问这个云计算环境提供的服务。

c. 混合云（hybird cloud）混合云是整合了公有云与私有云所提供服务的云环境。用户根据自身因素和业务需求选择合适的整合方式，制定其使用混合云的规则和策略。自身因素是指用户本身所面临的限制与约束，如信息安全的要求、任务的关键程度和现有基础设施的情况等，而业务需求是指用户期望从云环境中所获得的服务类型。有研究表明，网络会议、帮助与培训系统这样的服务适合于从公有云中获得，数据仓库、分析与决策系统这样的服务适合于从私有云中获得。

表4-1　云计算按运营模式分类类型

类型	定义	典型实例
公有云	企业/机构利用外部云为企业/机构外的用户服务，即企业/机构将云服务外包给公共云的提供商，可以减少构建云计算设施的成本	Amazon、Googele Apps、Windows Azure
私有云	通常由企业/机构自己拥有，特定的云服务功能不直接对外开放	Ebay、IBM RC2
混合云	包含私有云和公共云的混合应用，保证在通过外包减少成本的同时通过私有云保证对诸如敏感数据等部分的控制	实际应用较少

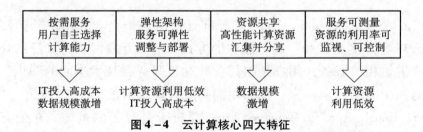

图4-4　云计算核心四大特征

数字化背景下财政清廉高效模式是指利用数字化手段，建立政府财政清廉高效评价体系，实时、全景、无缝式监控财政收支全貌，实现财政收支预算、地方政府债务、绩效管理、经济运行状况等方面的智能决策，形成一套财政官员"不敢腐、不能腐、不想腐"的长效机制，发挥财政在国家治理中的基础和重要支柱作用。

第四节 数字化应用成功案例分析

1. 工信部财务共享中心的实践经验

工信部财务共享中心是中央政府部门第一家财务共享中心，内设25个机关司局，为全国31个地方通信管理局提供费用报销、会计核算、资金支付、数据支撑等专业服务，智能高效、精准便捷。实现"业务、数据、内控"环环相扣，"制度、组织、系统"深度融合。工信部依托政府财务云平台的建设，促进会计改革和财务转型，充分发挥财务和业务融合效应，保障工业和信息通信业健康、有效、高质量发展。

财务共享业务系统部署于电子政务外网云平台之上，利用政务外网云平台虚拟机现有资源，部署业务服务器、数据库服务器、存储设备，由现有云平台统一资源的调度和管理，配置两套数据库服务器，通过双机软件实现备份，提高数据库的可靠性。平台采取多项安全保密措施：系统内设系统管理员、审计管理员、安全保密员，符合"三员管理"要求；登录用户与 DT 结合，符合身份鉴别要求；系统在线，但超过30分钟无用户操作，系统自动退出进入登录页面。平台整体架构如图4-5所示。

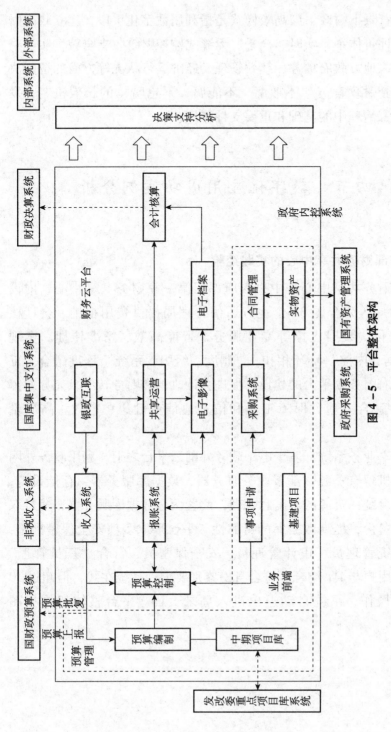

图 4 - 5　平台整体架构

（1）平台八大功能亮点。

第一，一站式首页。针对不同用户需求展示不同界面，如经办人登录进入报账平台、财务登录直接进入共享中心、领导登录优先看到待审批任务。功能分区合理清晰，分为我的财务、单据中心、我的计划、预算审批、待我处理、我的单据。流程清晰规范，用户可在系统中实时跟踪报销单电子流转和实物流转状态。

第二，智能预警（见图4-6）。根据《中央和国家机关差旅费管理办法》《中央和国家机关会议费管理办法》《中央和国家机关培训费管理办法》《因公临时出国经费管理办法》《党政机关国内公务接待管理规定》等文件及中央八项规定精神，充分对标，提炼出各业务经费报销的关注点并进行提示，从业务前端防范问题及风险。

对提炼出的各业务经费报销关注点进行分析，当平台判断出经办人填写的某些信息可能触碰到政策制度红线或不符合管理要求时，财务预警系统将对经办人发出警告，起到未雨绸缪、防患于未然的作用。

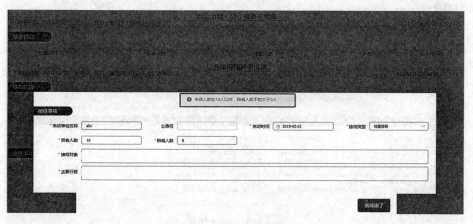

图4-6 智能预警

第三，智能审核（见图4-7）。平台辅助实现全面内控，实时防控纪律风险，降低财务审核压力。差旅费、国内公务接待费、因公出国（境）费、在华国际（双边）会议费、外事接待费无预算则无法发起报销，且报销金额不能大于预算金额。无须人工介入，预算金额便能实现自动占用及释放。

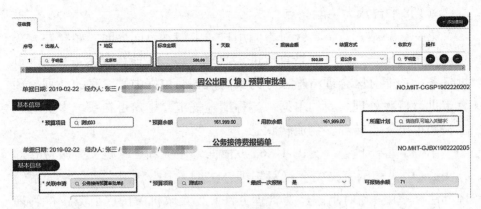

图 4-7 智能审核

第四，智能做账（见图 4-8）。系统内嵌新政府会计制度下的核算入账规则，可根据报销单自动生成双分录记账凭证，年终结账后自动生成报表报告，基本替代人工做账，大幅减轻财务工作量。

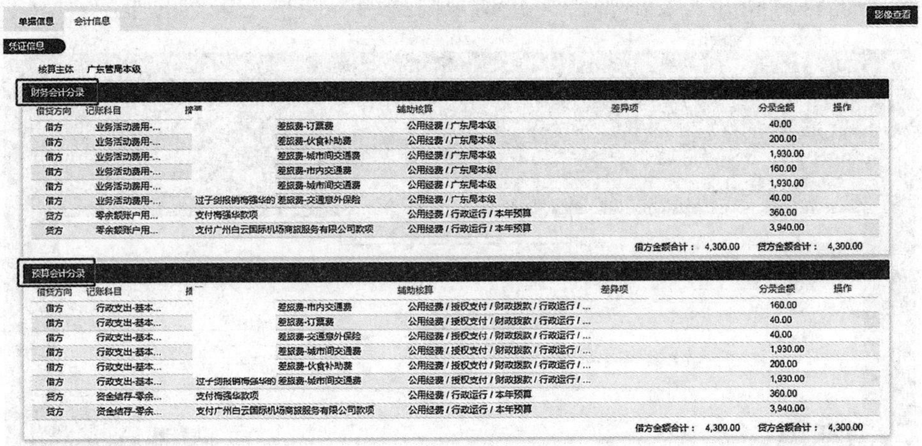

图 4-8 智能做账

第五，差旅电子化（见图 4-9）。为贯彻落实中央八项规定精神和中央领导批示要求，响应中办、财政部对于差旅电子支付凭证网上报销改革试点工作，财务云平台可在上线后对接"公务之家"系统，实现差旅报销的一键化、电子化，为公务人员带来真正便捷的差旅出行模式。例如，仅用身份证即可乘飞机和火车，行程结束后用电子凭证报销，免去取票、贴票之苦；协议酒店快捷预订，还房卡轻松离店；电子住宿单报销，免去排队等开发票之累；在线提交报销申请，无须手动传递原始票据，免去找票、贴票之烦琐；报销审批结果实时反馈，无须等待，极大提升办事效率；绑卡快捷支付，无须随身携带公务卡，公务之家保管电子凭证避免丢票，大大方便了公务人员出行。

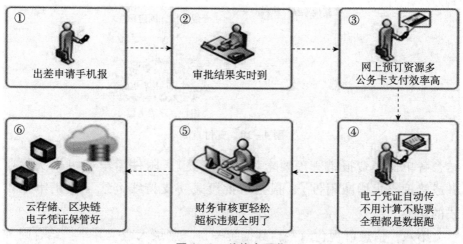

图4-9　差旅电子化

第六，支付直连化（见图4-10）。实现和建设与银行的直连，建立与银行业务系统的实时连接通道，利用该通道向银行发送交易指令和接收数据信息，实现集中高效的资金支付和调拨。基于银政互联系统，实时获取资金账户数据，实现及时、全面、准确地对企业所有账户的资金变动情况进行有效监控，实现银政自动对账。建立与工信部核算系统、财务云平台等财务系统的接口，实现信息快速准确传递，降低劳动强度，提高财务工作效率。

第七，适配个性化。平台自主化程度较高，支持各账户在权限下依据实际情况对基础数据进行配置性变更，如角色权限（目前有十余种，支持角色权限的调整变更）、各类标准（各单位经费报销标准在不超过国家统一规定标准的前提下可参照地方制度执行，对于国家无统一规定的标准，支持灵活配置）、审批流（目前有15套线上审批流、1套线下审批流，可结合各单位经费报销管理要求进行个性化配置）、会计科目（可根据最新的政府会计制度更新会计科目体系）、提示预警信息（可

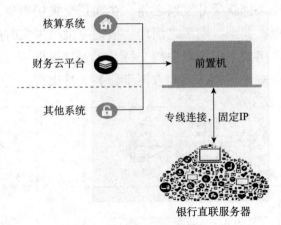

图 4 − 10　支付直联

结合各单位经费报销管理要求增减或变更）、附件清单（可视实际业务或管理需求增减附件）、报销审批模式（支持线上线下报销审批模式的切换）。

第八，信息可视化。平台数据统一，一点录入全程共享。结合财务云平台建设进度，统一提供经费报销和会计核算相关的数据服务，包括但不限于以下内容：财政资金预算执行情况、结转结余情况、"三公"经费统计、行政运行成本统计、项目投资计划执行情况、会议培训计划执行情况、出国计划执行情况、巡视审计所需数据等，如图 4 − 11 所示。

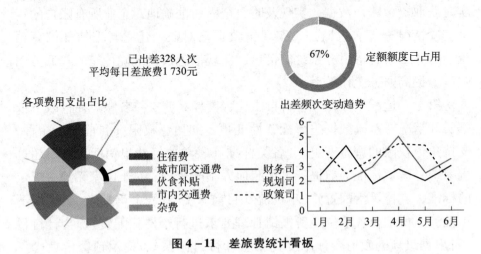

图 4 −11　差旅费统计看板

（2）应用效果。

第一，报销流程发生改变。自动化费用报销不仅可以有效规避员工在报销纸质发票时粘贴不规范导致的无法扫描问题，以及档案管理人员在归档时纸质发票数量众多、工作量大的问题，而且可以减少企业对人工成本的投入。对于差旅费用和办公费用报销，若平台已对接了差旅预订系统或其他外部系统，员工无须事先借款、垫付，系统会根据员工的消费记录自动汇总单据信息，直接进入系统执行自动化费用报销申请，由审核人员完成审核之后传入报销管理系统，执行自动化审批、记账并归档。

对于无法对接外部系统的其他费用，申请人取得增值税发票之后，通过扫描二维码将发票扫入系统，系统自动将发票信息发送到增值税发票管理数据库中检索此发票是否已报销，若已报销，不予执行报销申请，若未报销，可以执行报销申请；自动化申请成功之后经领导审核确认，再进入财务共享服务中心的报销管理系统执行自动化审批记账，通过银行直联系统进行自动化支付，同时将电子票据传入档案管理系统进行自动化归档。

第二，业务财务支持。领导只要在电子政务外网环境下均可随时进行审批。线上看影像审批，日常工作不再被单据签批打断。不便于审批的时候，可在线上进行委托确认，既便利又能防范线下冒签的风险。领导可第一时间获取由财务共享中心提供的专业信息，如财政资金预算执行情况、结转结余情况、"三公"经费统计、行政运行成本统计、项目投资计划执行情况、会议培训计划执行情况、出国计划执行情况、巡视审计所需数据等。

经办人员线上提交预算审批单和报销单，平铺粘贴发票，提交扫描岗扫描，无须去领导办公室等待签批。基于财务云平台的强力支撑，可实时在系统中追踪自己单据的流转状态，不用打电话或去财务办公室向财务人员咨询。

财务共享中心对各种财务流程进行了标准化管理，减少了因为人为主观判断失误而导致的各种财务误差。每个财务共享中心的工作人员都可以同时处理几个单位的账务工作，极大地提高了核算效率。由共享中心进行会计核算处理，统一科目体系，统一核算口径，凭证由系统自动生成。各单位的财务基础数据在财务共享中心汇集到一起，并由工作人员进一步进行整合、集中处理，可以实现财务数据的高效获取以及快速分析，有助于对各单位总体财务情况的宏观把控。剥离各单位基础财务工作，使得财务有更多精力对其所属领域进行深化，同时，某一方面的专业人员相对集中，较易对其提供相关培训，"共享服务"人员的总体专业技能较高，提供的服务更专业。

第三，防范内控风险。政府财务云平台提供了透明、共治、闭环、稳定的系统环境，各单位按照决策、审批、执行和监督等职责履行好经济活动相关流程，包括预算、计划（会议、培训、外事）、收支、采购、合同、建设、资产等业务，最大限度提高单位公信力和治理能力。

政府财务云平台按照处（科）室职能或者岗位职能，将权限清单、责任清单细化到处、科、岗、人，着力从预算、核算、资金、内审，或负责人、审核人、经办人等不同维度，设定好制衡措施和流程要点，构建好职能矩阵和树形结构。实行扁平化、无边界化、代码化管理，你中有我，我中有你，按照流程穿针引线，形成闭环，规范完善全周期内控管理。

第四，内控转化为"外控"。政府财务云平台是优化财政治理的基石和细胞，也是改进财政、审计、纪检等各方监管控制体系和手段的重要途径，通过开放共享平台，可以将内控转化为"外控"，促进外部审计、纪检、巡视、监督等部门实时联动。

2. "云上浙江"智慧财政平台建设的经验借鉴

为进一步深化公共财政体制改革，提升财政管理和服务水平，在全面完成金财工程建设的基础上，浙江省财政厅于2012年启动数字财政建设，坚持"互联网＋"和大数据思维，积极推进数字财政建设，建立公共财政动态数据仓库，对数据进行深度共享和开发利用，努力做到用数据说话、用数据管理、用数据决策、用数据创新。信息化建设也是实现透明财政的重要手段，财政厅资产处结合省"数字财政"建设的要求，2017年对省级原有财政管理信息系统进行了升级改造，建立了旨在有效实现全省财政管理系统升级、完善的政府财务云服务平台，从而在构建大数据环境下的智慧财政平台建设中走在了全国前列。

以浙江省政府及其部门单位为主体，搭建浙江省政府财务云。其中，以财政支出为核心，依托浙江省各个省级部门，分别打造教育厅财务云、卫健委财务云、体育局财务云、科技厅财务云、环保厅财务云、审计厅财务云、国土资源厅财务云、公安厅财务云……最终汇集成浙江省政府财务云。（见图4-12），浙江省政府财务云技术架构如图4-13所示。

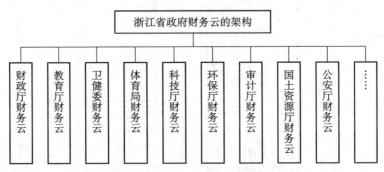

图4-12　浙江省政府财务云多部门架构

（1）政采云。政府采购是市场经济国家管理公共支出的基本手段，也是从源头上治理和防治腐败、促进廉政建设的有效措施。为进一步促进政府采购的阳光透明、廉洁高效，防范天价采购、违规采购、超标采购现象，浙江省财政厅借力大数据、云计算技术建设一站式政府采购云服务平台——"政采云"，实现了政府采购交易和监管模式的创新。2016年8月，浙江省财政厅和阿里巴巴集团正式签约，通过资本合作和市场化运营的方式，合作启动建设"政采云"平台。2017年4月底，"政采云"平台已在浙江省本级单位全面上线，并同时在湖州、嘉兴两市和德清、海宁、海盐三县（市）的部分单位试点使用。

"政采云"平台包括政府采购网上交易平台、网上监管平台和网上服务平台。其中，监管平台配备事前提醒、事中预警、事后分析全流程和远程视频监控技术手段，各采购主体行为全过程留痕、留声，财政、纪检监察、审计等监管部门能够实时监控或事后查阅、管理辖区内全部采购活动，实现政府采购监管精准化。浙江省委十四届三次全会已将推广应用"政采云"平台写入了《中共浙江省委关于推进清廉浙江建设的决定》中。"政采云"平台不仅是一个服务政府采购的管理和交易平台，更是贯彻落实浙江省委、省政府"最多跑一次"改革实践的样板平台，是一个助推政府治理数字化转型的创新试点平台。

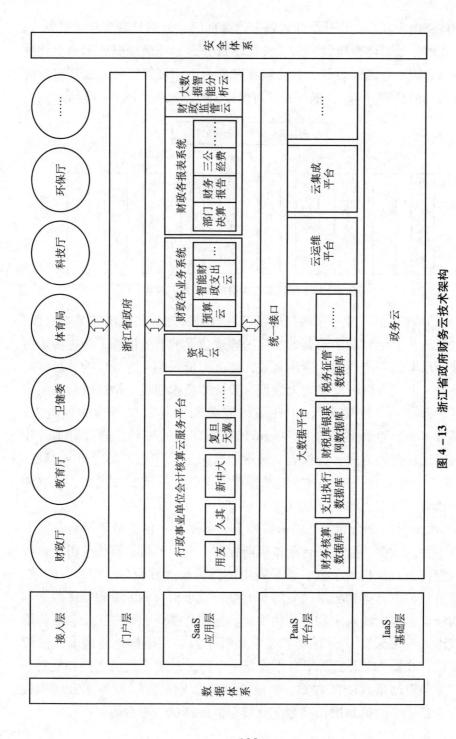

图 4 - 13　浙江省政府财务云技术架构

①现阶段"政采云"的"五个场景"。第一个场景与价格数据有关。采购人想用合理的价格买到合适的商品需要强大的数据做支撑，政采云将建立标准商品库，发挥政府采购价格数据的决策作用，在还权采购人的同时实现物有所值。

第二个场景是提升监管能效。政采云将搭建起行为预警、效能预警、价格预警、诚信预警、异常预警，通过五个维度的数据和规则配置，为政府采购差别化监管提供基础。

第三个场景是大数据在"政采云"诚信体系中的应用模型。诚信是推动网上交易的基石，通过诚信数据积累，推动政府采购诚信体系建设，让信用产生价值。

第四个场景呈现了"政采云"的运营服务能力。"政采云"通过智能机器人客服、采云学院在线培训考核体系以及本地化服务专员等措施，建立起"数据＋智能"的服务体系。强大的运营服务能力，也是与其他平台相比，政采云的最大优势。

第五个场景展示了"政采云"平台实时的动态。政府采购相关各方可以通过基础数据、交易数据、服务数据、安全数据4个可视化数据大屏，实时、全面掌握平台的业务动态。

②取得成效。一是有效解决了政府采购领域中的突出问题。平台通过云计算和大数据技术，可以实现全省甚至全国政府采购交易和管理电子化、一体化，以及信息资源的共享共用，有效解决长期以来政府采购"价格高、质量差、效率低"的问题，促进政府采购更加阳光透明、廉洁高效。目前，"政采云"平台为试点地方提供多层级监管手段，如全网比价、大数据分析、第三方专业机构分析、预警跟踪、诚信评价、社会监督等，在提高采购效率的同时，实现实时、精准的监管和服务。

二是助推"最多跑一次"改革落地实施。平台通过对政府采购流程的信息化改造，优化业务流程，实现全流程网上办理，真正落实"最多跑一次"改革要求，从而推动政府采购管理从程序导向向结果导向转变，通过数据多跑路，让服务对象少跑腿甚至不跑腿。如嘉兴市借助平台推广，同步完成内外网系统升级改造，实现了合同外网备案等功能，方便服务对象办事。

　　三是充分发挥政府采购的政策功能。通过"中国制造精品——地方馆"建设，宣传中国制造、浙江制造的精品和名品，有效实施浙江制造产品的"走出去"、资金"流进来"战略，推动建立网上"丝绸之路"。同时，通过网上超市"厂家直销、单位直购"等制度创新，更好地落实政府采购在扶持中小企业和残疾人企业、支持企业或产业发展的政策目标，体现政府采购"国产优先、绿色优先、创新优先"的政策导向，推动产业转型升级和产品更新换代，提升浙江制造的竞争力和影响力。

　　（2）核算云。针对各地各部门反映强烈的行政事业单位财务核算系统与财政业务系统联通不强、系统间重复录入、实施新政府会计制度系统升级贵等问题，按照"放管服"的要求，浙江省财政厅决定在强化单位主体责任的同时，构建全省行政事业单位财务核算云服务平台，统一招标商用核算软件在此平台布设，将目前各地行政事业单位财务核算软件财政部分集中部署与单位分散部署模式升级为全省政务云集中部署，以便单位财务核算系统与财政业务系统、财政各报表系统的互联互通，切实推进"最多录一次"，提高财务人员的获得感，提升财政对预算单位的服务水平。

　　核算云平台将传统的会计集中核算流程与云计算技术相结合，使预算管理、收入管理、支出管理、资金管理等功能集为一体，从而实现业务流、资金流和数据流的有机结合。实时进行财务分析和信息报送，提高会计处理效率，告别低价值重复劳动，释放财务生产力，财务人员有更多精力关注业务财务—管理会计和战略财务—财资管理，向价值型财务转型升级。实时数据更新、实时数据分析、实时财务桌面，收入增减趋势、成本费用变动趋势、各种关键指标随时随地呈现，及时监管异常变化，把控风险敞口，轻松掌舵时局和未来。

　　①建设情况。预算管理作为会计集中核算的重要内容，核算云平台中的"预算管理"子系统，包括"收入预算"和"支出预算"两大功能区，实现预算从编制、审批、执行、调整到决算等环节的全过程控制。在预算执行环节，报销人员通过核算云平台中的"收支管理"子系统办理收支结报业务，系统自动将预算执行的各项数据传递到"预

算管理"子系统中，并应用统计、筛选、排序、函数分析等功能，实时对预算收支执行情况进行数据分析、跟踪控制和预警，生成各种类型的报表，能让不同授权的管理层实时查询预算执行的进度和资金使用情况，为科学决策提供依据。

"收支管理"子系统实现对收支业务的集中管理和全过程的实时控制与统计分析。只需对收支业务数据进行一次录入，即收入缴款人、费用报销人录入申请数据后，系统按自动设置的流程完成后，便可根据不同需求生成各类单据、报表、台账和电子支付数据，并实时汇总统计和分析。平台支出模块根据不同的报销事项设置不同的报销单据，分类进行报销业务处理。系统内设不同的报销限额和控制标准，并按"中央八项规定""厉行节约"等要求，将控制措施嵌入到收支业务各个环节中，对执法车辆和船艇实行单车、单船核算，对会议、培训、接待等费用报销按照计划和标准实施预算控制，对专项资金和债权债务分类登记，系统通过职责、权限、标准进行自动约束，全程有迹可查。

根据集中核算管理办法的要求，按照不同类型、不同金额的资金明确了资金管理的制度、流程、权限，并利用核算云平台将基层的资金管理纳入平台统一集中管理。根据统一安排和相关要求，财务人员登录核算云平台，按照经济业务项目和往来客户明细逐笔序时进行登记，及时清理核算债权债务。同时，财务云平台设置了预警提示，向财务人员发出债权债务到期提示，督促财务人员及时办理资金结算。

②实施成效。通过相关权限登录财务云平台，财务人员进行相应的凭证填制、审核、传递以及账簿登记、汇总与分析，所有的会计资料实时保存和调用。通过预先设置的预算控制和预算执行查询，可根据不同要求对不同类型的项目进行控制管控，将预算与核算紧密结合，实现所有经济业务的精细化动态管控。

财务人员的工作从录入登记转型为数据审核。系统根据业务数据自动进行台账登记，实时编制报表，并且对业务数据进行准确统计分析。很大程度减少某些数据的填报错误或重复填报，将财务管理人员从重复的记账模式中解放出来。网络报销 App 及 PC 端的运用使领导可以随时随地进行审核，提高了报销的效率。此外，出纳人员在进行资金支付时，核算云平台根据报销等业务数据自动生成支付代码和支付金额，提高了工作效率。

会计集中核算减少了财务信息传递不及时而导致的会计信息失效的情况发生，提高了会计信息的及时性和可靠性。核算云平台利用会计数据采集、数据清洗、数据挖掘等技术，将会计信息集中化管理，根据不同部门、不同目标的管理决策需要，将经济业务运行和管理过程中产生的大量业务数据和财务数据及时生成有价值的信息，为部门领导提供管理与决策所需的重要信息。

（3）资产云。依据行政事业单位国有资产管理"归属清晰、权责明确、配置合理、处置规范以及运作高效"的目标，秉承资产管理与预算管理相结合、资产管理与财务管理相结合、资产管理与价值管理相结合的三大原则，2017年，浙江省财政厅针对全省行政事业单位国有资产的管理进一步开展应用创新，利用物联网技术构建实物数据追溯体系，对接现有资产档案数据，建设资产智能管理云数据中心，建立资产编码云、资产物联云、智慧共享云等资产管控云平台，以打造资产动态管理和绩效评价体系，实现资产大数据可视化、采购决策支持、资源管理一张图、远程诊断运营维护、资产共享等目标。

2017年，搭建的资产云平台在杭州电子科技大学（以下简称杭电）试点应用。目前，资产云平台已在全省行政事业单位运行，全省行政事业单位内部资产管理逐步迁移云资产云平台，并与省政采云、核算云等协同应用，以实现资产云平台架构搭建的目标。

有关资产云内容详见第六章。

（4）公共支付云。公共支付服务是建设一体化现代化公共服务体系的重要组成部分。近年来，执收单位、缴款人对优化政府非税收入征缴管理、创新服务等提出强烈呼声，财政部、浙江省委省政府也对改革提出了指导意见。在浙江省委省政府部署全面推进政府治理体系和治理能力现代化、建立一体化在线公共服务平台的总体规划的背景下，公共支付服务创新紧密围绕社会公众办理公共支付业务切身需求，构建形成透明高效、安全可靠、公平可及的公共支付服务体系。2014年，浙江省财政厅根据省委省政府关于推进"四张清单一张网"决策部署，在政府非税收入领域开展改革创新。政府非税收是财政收入的重要组成部分，具有强监管属性；同时，政府非税收入项目较多，执收主体多元，缴款人群体分布广泛，具有分散性、不稳定性和有偿性等特征。2014年12月25日，被誉为"24小时不打烊网上政府"的浙江政务服务网"起跑"半年之际，为努力实现"让信息多跑路、让群众少奔波"的初衷，浙江省统一公共支付平台在浙江政务服务网正式上线，这是全国第一个统一公共支付平台。在不到两年的时间里，浙江省统一公共支付平台完成省市县三级联通，逐步打通财政、执收单位、代收机构和收款银行四大系统，采用云计算、移动互联、大数据等技术，在全国率先实现100余个市县区全覆盖。

到目前为止，适应政府非税收入业务领域的公共支付服务创新取得初步成效，初步建立了财政部门、执收单位、代收机构、收款银行职责分工清晰、运行高效流畅的制度框架和技术应用服务体系。在全国率先建立了政务服务网统一公共支付平台，通过采用云计算、移动互联等现代信息网络技术，为缴款人提供开放便捷的缴款渠道。财政部门、执收单位、代收机构、收款银行等主体之间的网络互联互通、信息实时共享的运行框架初步建立，开放包容的多元化缴款渠道体系已基本形成，资金自动对账、款项自动结报、票据自动核销、收缴动态短信自动发布的改革目标初步实现，缴款人可在PC端、手机端通过统一公共支付平台办理各类缴款业务。经省市县三级有关部门共同努力，到目前为止，全省所有市县区财政端均已接入平台。平台已接入支付宝、银联及工商银行、农业银行、建设银行等17家代收机构；开通网页支付、移动支付、自助终端支付、柜面支付等线上线下支付渠道。接入项目逾200项，接入执收单位3 700家。平台应用已覆盖浙江省所有市县区。到目前已支持移动支付、互联网支付、POS刷卡、扫码支付、自助终端支付、柜面支付、金融服务点支付、委托扣款等支付渠道。近几年，随着智能手机的迅速普及、移动互联网的广泛覆盖以及用户体验的持续优化，以手机为主要终端的移动支付已越来越成为人们支付方式的主要选择。以浙江省政府非税收入公共支付为例，涉及个人、小额的学校收费、交通违法罚款等80%以上的缴款人选择使用手机缴款。

第五章 浙江省数字化财政清廉高效模式的智能云审计协同平台构建研究

党的十九大报告强调，要健全党和国家监督体系，加强对权力运行的制约和监督，把权力关进制度的笼子里。反腐败永远在路上，保证干部清正、政府清廉、政治清明，才能确保党和国家长治久安。习近平总书记在中央审计委员会第一次会议上指出，审计是党和国家监督体系的重要组成部分。审计机关在维护国家财政经济秩序、提高财政资金使用效益、促进廉政建设、保障经济社会健康发展等方面发挥了重要作用。当前，审计机关要依法全面履行审计监督职责，加强全国审计工作统筹，优化审计资源配置，努力构建集中统一、全面覆盖、权威高效的审计监督体系。财政是国家治理的基础和重要支柱，科学的财税体制是优化资源配置、维护市场统一、促进社会公平、实现国家长治久安的制度保障。财政审计是国家审计监督中最基础和最重要的一环，如何实现财政审计的全覆盖，实现清廉财政，是国家长治久安的基础。习近平总书记指出，加强对全国审计工作的领导，强化上级审计机关对下级审计机关的领导，加快形成审计工作全国一盘棋。要调动内部审计和社会审计的力量，增强审计监督合力。各地区各部门特别是各级领导干部要积极主动支持配合审计工作。① 当今社会，大数据技术、人工智能等得到了长足的发展。因此，在大数据的环境下，研究清廉财政的审计协同治理机制，探索国家审计与社会审计、内部审计协同，国家审计机关上下级协同、审计机关与其他政府部门协同，对于贯彻落实习近平总书记重要讲话精神、促进权力规范运行、促进反腐倡廉具有重要的理论意义和现

---

① 习近平主持召开中央审计委员会第一会议［EB/OL］．（2018–05–23）．［2024–05–15］．https://www.audit.gov.cn/n4/n19/c122699/content.html.

实意义。

另外，中共中央办公厅、国务院办公厅关于《完善审计制度若干重大问题的框架意见》（以下简称《意见》）的出台，开启了对"公共资金、国有资产、国有资源和领导干部履行经济责任情况实行审计全覆盖"的审计监督的新格局。与此同时，国家审计资源和力量的有限性与需要实现审计监督全覆盖的现实目标形成了鲜明对照。2018 年 5 月 23 日，习近平总书记主持召开中央审计委员会第一次会议并发表重要讲话，明确指示：加强对内部审计工作的指导和监督，调动内部审计和社会审计的力量，进一步增强审计监督合力，提升审计监督效能。[①] 为更好地执行《意见》的文件规定要求，贯彻落实习近平总书记重要讲话精神，探索国家审计、内部审计与社会审计协同工作机制，为国家审计、内部审计与社会审计协同提供实践指导，开展国家审计、内部审计与社会审计协同方面的研究，已成为当务之急。

第一节　审计协同理论分析

1. 协同理论及协同管理理论研究

德国哈肯教授最先阐述协同（synergy）的概念——系统各部分之间相互协作，使整个系统形成微观个体层次所不存在的新质的结构和特征。他在《协同学：大自然的奥秘》一书中指出，协同的本义为"协调合作之学"。不仅许多个体，无论是原子、分子、细胞，或是动物、人类都是由其集体行为，一方面通过竞争，另一方面通过协作，间接地决定着自身命运。在这个意义上，可将协同学看成是一门在普遍规律支配下的有序的、自组织的集体行为的科学。协同学目标是在千差万别的各科学领域中确定系统自组织赖以进行的自然规律。协同学不仅包含物

---

① 习近平主持召开中央审计委员会第一会议［EB/OL］.（2018 – 05 – 23）.［2024 – 05 – 15］. https：//www. audit. gov. cn/n4/n19/c122699/content. html.

理学、化学和生物学等自然科学，还包括社会学和经济学等人文社会科学。协同学理论充分汇集与融合了系统论、控制论、结构论、突变论、信息论等学科理论的精髓思想，借鉴动力学、管理学以及统计学等模型与方法，基于多个学科领域的研究成果，基于相空间视角，推出多维空间理论，构建了系列实证模型与决策方案，在微观向宏观的演变中，阐释了开放系统由无序向有序变化的普遍性机理（白列湖，2007）。解学梅和刘丝雨（2015）总结了四种协同创新模式的研究基础：资源基础观、企业交易成本、系统理论以及知识基础观。白俊红和蒋伏心（2015）研究发现，区域创新系统各主体之间在协同创新过程中，政府的科技资助显著地提高了区域创新绩效，并且从长期来看，企业与高校的协作，以及企业与科研机构的合作亦有益于提升区域的创新绩效，然而金融机构对企业的科技资助则产生显著的负向影响。

2. 审计协同理论研究

国际内部审计协会创始人之一布林克（Brink）早在 1941 年就在《内部审计——程序的性质、职能和方法》一书中专门论述内部审计与外部审计的关系。现代内部审计之父索耶（Sawyer，1981）在《现代内部审计实务》中提出："内部审计与外部审计人员必须共同努力，相互尊重，互相运用对方的才能，必须发展牢固和持久的关系。他们相互理解各自的职能并谨慎合作时，也就说明这两个相分离的职业是可以共同工作并协调一致的，谁也不要屈从于谁。"和秀星等（2015）认为，协同理论为国家审计利用内部审计以促进国家审计的可持续发展提供了必要的理论基础。同时，由于内部审计长期以来受到国家审计的指导和监督，其审计程序、方法、内容与国家审计具有较多相似性，为国家审计利用内部审计提供了实践层面的可能性。李璐（2013）以美国经济复苏与再投资法案的监督为例，对美国财政资金的协同审计监督进行了研究：美国的国家审计总署、总监察长办公室、注册会计师共同组成了问责团体，形成协同监督财政资金使用是否合法、经济、高效的立体审计监督网络。王会金（2016）从审计准备、审计实施和审计报告三个阶段，通过引入外在力量、合理整合内在资源以及优化审计理念和流程，构建政府审计协同治理模式。

①国家审计与内部审计协同概念。所谓国家审计与内部审计协同，是指在国家审计实践中，国家审计利用内部审计资源，或者两者共同完成某项国家审计工作，两者通过协调合作，实现资源优势互补，从而优化审计组织方式，降低审计成本和风险，改进审计技术方法，提高审计效率效果，并最终显著提高审计质量，实现审计监督合力。

根据定义，国家审计与内部审计协同具有以下几个明显特征：一是国家审计与内部审计在协同中所处地位不同。国家审计是协同的发起者、主导者、决定者和领导者。内部审计是协同的参与者、合作者、配合者和支持者。国家审计在协同中处于绝对主导地位，内部审计则处于从属地位。国家审计推动协同的发生、发展进程，是协同演变的主体力量。二是协同的目的是共同完成国家审计工作任务。国家审计与内部审计协同的根本目的是弥补国家审计资源的不足，通过两者协调协作，以高质量地完成某项国家审计任务。三是协同的结果是产生显著的协同效应。协同的最终结果一定是能够带来协同效应，即实现"1 + 1 > 2"的结果。具体表现为审计组织方式、审计成本、审计风险、审计技术方法、审计效率效果以及审计质量等方面的积极改变。四是协同是合作共赢。国家审计与内部审计协同对双方都是有利的，通过协同，两者各自实现自身利益和目标。虽然国家审计和内部审计在协同中所处地位不同，但两者都能获得协同利益，并带来社会效益的提高。至于国家审计与内部审计协同为何要在国家审计主导下进行，是受到双方不同的法律地位所决定的。

②国家审计与内部审计协同动因分析。国家审计和内部审计为什么能够协同？即导致两者产生协同的理论基础是什么？只有准确把握两者协同的动因，才能深刻分析两者在协同过程中出现的问题，并能够洞悉问题背后的深层次原因，从而结合实际情况，设计出理想的协同模式。总的来看，国家审计和内部审计属于大审计框架下的两种不同的审计类型，在各自职责权限范围之内，发挥审计功能。两者产生于共同的受托经济责任的理论基础，所运用的程序、技术和方法具有相同或相似之处。此外，国家审计在业务上对内部审计肩负着指导和监督的职责，并

且在以往的审计实践中，两者有过良好合作的机会，共同推动审计工作的开展。具体而言，国家审计和内部审计之所以开展协同，主要有以下几个方面的原因：

第一，国家审计和内部审计的目标具有一致性。国家审计与内部审计职能和目标具有一致性，这是双方坚实的协同基础。我国国家审计与内部审计在产生动因、历史使命、职能职责以及内容和目标等方面具有一致性。依据审计法，国家审计职能表现在四个方面：维护国家财政经济秩序、提高财政资金使用效益、促进廉政建设、保障国民经济和社会健康发展。同时，审计法规定，依法属于审计机关审计监督对象的单位，应当按照国家有关规定建立健全内部审计制度，其内部审计工作应当接受审计机关的业务指导和监督。《审计署关于内部审计工作的规定》第三条明确规定，内部审计负责对本单位及所属单位财政财务收支、经济活动、内部控制、风险管理实施独立、客观的监督、评价和建议，以促进单位完善治理、实现目标。从党政机关、党政工作部门、国有企业、事业单位来说，国家审计与内部审计肩负的职责和目标是提高财政财务收支的真实性、合法性和效益性，保障公共资金和国有资产的安全完整，监督和制约权力规范运行，促进廉政建设。非公组织的内部审计也具有加强公司治理、风险管理和内部控制的内在要求，确保公司经营合法合规且符合战略需要，以最大限度地提升组织价值。非公组织内审工作在实际运行过程中具有自发接受国家审计指导和监督的内在要求，例如参加内部审计协会组织的培训交流活动、从事内部审计协会组织的课题研究和评奖评优活动、借助内部审计协会平台实施内部审计业务外包等。国家审计人员、国家行政机关及国有企事业单位内部审计人员和非公组织内部审计人员在职业选择上还会相互流动。此外，包括非公组织在内的一切机构都要接受党的领导，党中央和国务院的路线方针和决策部署，需要在国家审计和内部审计战略中得到体现，并在日常审计过程中充分加以体现。

第二，国家审计和内部审计在协同中能够实现优势互补。国家审计与内部审计发挥各自优势，实现职能职责和目标。这是两者协同的必要条件。在总目标趋于一致的情况下，国家审计与内部审计只是不同职责分工的两种审计类型，两者在大的原则和方向方面保持高度一致性。国家审计是外部审计机关，具有强制性、独立性、无偿性、权威性。国家审计权力产生于法律赋予，是强加给被审计对象的外部监督权力。这种外在的监督权力形成国家审计的独特的不可替代的优势，主要体现在独立性强、权威性高等方面，其能够对违法违规行为产生较强震慑力，引导被审计单位遵纪守法，切实提高管理水平，增加组织绩效。然而，这种优势又不可避免地产生负面效应，即导致被审计单位利用自身信息优势在资料提供、问题汇报、审计整改等方面人为设置层层障碍，阻挠审计人员调查取证和发现问题，加大审计成本，以及提高审计风险；内部审计是内部审计机构，具有服务内向性、相对独立性、业务广泛性、程序简易性、实施及时性。内部审计优势在于及时掌握组织经营管理信息，以旁观者、专家和咨询师等身份审视组织运营中存在的风险，检查和评价内部控制的运行，评判组织治理效率，以实现增加组织价值的目标。内部审计产生于法律赋予和组织自身内在需求，这两种产生动因都能有效驱使内部审计机构充分发挥作用。内部审计的劣势在于独立性差、缺乏权威性，在实际工作中往往需要服从服务于组织利益和管理层的需要。特别是在涉及组织利益与国家利益、社会利益产生冲突时，内部审计难以进行正确取舍。内部审计需要借助国家审计提高自身技术能力和职业威望，增强自身职业声誉。此外，国家审计与内部审计的各自优势还在于内部审计业务受到国家审计的指导和监督，两者在业务关系上能够合作共赢，相互取长补短。

第三，国家审计和内部审计协同目的是产生协同效应。国家审计与内部审计协同有利于整合资源，实现监督合力。这是两者协同的根本目标。党的十八大以来，党中央和国务院更加注重创造市场在资源配置中发挥基础性作用的机制和环境，在新公共管理运动和协同理论的共同推动和作用下，产生"协同政府"的理念和命题。协同政府倡导政府部门之间的协调与合作，在各个政府部门所追求的目标可能不尽一致的情况下，需要通过协同政府理念，将政府各个部门整合成目标一致、愿景共同的协同体，将它们之间原先的供需主体的利益关系转变成为一种相互信任的诚信关系。协同政府强调政府部门之间、中央政府与地方政府之间、政府与市场之间以及政府与非营利组织之间的协同关系，其构建特别依赖于政府的主导，多元治理主体的相互协调，以及政府各个相关层级内外部协同文化的充分孕育，协同政府是拥有先进快速公共事务处理能力的政务型机关，是能够提供优质高效公共服务的服务型组织。国家审计与内部审计协同正是在这种协同政府理念指导下应运而生的。在协同政府框架下，两者的共同目标在于维护公共资金运行的经济性、效率性和效果性，以确保向社会公众提供优质的公共服务。两者通过协同，一方面，能够有效解决审计资源匮乏、审计任务繁重的困境；另一方面，有助于实现资源有效整合和形成监督合力，即产生"1+1>2"的协同效应。因而，在终极目标一致的情况下，两者之间的协同协作有助于树立大局观和整体观，可以有效规避部门本位主义，调动一切有利因素，对公共资金运行实施有效监管。

需要指出的是，国家审计与内部审计协同是在党和政府领导下进行的，尤其是党的领导，对两者协同起到巨大的推动作用。因而在现阶段，审计协同完全符合党和政府的主观愿望和现实需求，是与党和政府的执政理念和治国方略高度吻合的，在党和政府的领导和大力推动下，这种政府主导型协同协作必然具有很大的发展空间。基于此，国家审计与内部审计协同必然符合时代潮流，适应社会发展趋势，能够促进审计职业更好更快地发展。

③国家审计与内部审计协同目标。习近平总书记在中央审计委员会第一次会议上明确提出，审计是党和国家监督体系的重要组成部分。他强调，要落实党中央对审计工作的部署要求，加强全国审计工作统筹，优化审计资源配置，更好发挥审计在党和国家监督体系中的重要作用。[①] 国家审计与内部审计协同正是贯彻党的十九大精神，以习近平新时代中国特色社会主义思想为指导，落实习近平总书记在中央审计委员会第一次会议上重要讲话精神的重要体现。也是深化审计制度改革的一项重要内容。国家审计与内部审计协同的出发点有两个：第一是审计作为党和国家监督体系的重要组成部分，对于治国理政、维护经济秩序、

---

① 习近平主持如开中央审计委员会第一次会议 [EB/OL]. (2018-05-23). [2024-05-15]. htpps://www.audit.gov.cn/n4/n19/c122699/content.html.

提高公共资金效益以及促进党风廉政建设等方面发挥了重要作用，今后需要总结经验，继续发挥作用；第二是审计功能和作用的发挥与党中央的要求还存在一定的距离，离人民对于美好生活的向往和期待还有不小的落差。因此，审计需要不断创新发展，深化审计制度改革，改革审计管理体制，增强审计监督合力。基于此，国家审计与内部审计协同的目标具体有以下几个方面：

一是实现资源优化配置。即要在全社会范围内对审计资源进行统一调配和管理，实现审计资源的余缺调剂，引导优质资源向高层次配送，既要解决审计资源的不足和短缺问题，又要解决审计资源的选优问题。例如，S省审计厅拟对某国有大型物流公司实施经济效益审计，该物流公司下设多家全资子公司，通过云计算平台管理基础设施并提供软件服务。审计中，需要开展云平台审计，包括系统安全性、运行有效性以及数据可靠性等方面；需要建立考核评价指标体系；需要对核心指标进行测算，以满足评价经济效益的需要。该审计组需要配备云平台系统审计师、物流业绩效评价专家、内部审计师以及国家审计师等多方面人员，才能胜任此项审计工作。通过协同，可以在一定区域范围内快速组合一支符合条件的审计团队。

二是探索组织方式创新。目前国家审计按照属地管辖原则，由具有审计管辖权的国家审计机关提出审计计划，并负责组织实施，审计资源呈现出碎片化、单一化、专业化以及部门化的典型特征。在审计协同框架下，需要跨区域、跨部门、跨单位、跨类别调集审计力量，审计资源具有整体化、区域化、复合化以及职业化的显著特点。原来单一的国家审计机关负责的组织方式已经远远不能适应协同模式下的审计工作，必须彻底加以改变。基本设想是：国家审计机关提出具体的审计业务需求，选派审计组长或者专门协调员，由区域内符合要求的审计人员参与，按照审计计划安排，制定审计工作方案，按要求实施审计，并接受业务单位的监督。

三是进行管理模式变革。目前，国家审计受上级审计机关和本级人民政府的双重领导，在业务上以上级审计机关领导为主。中央审计委员会的成立，进一步强化了党对审计工作的领导。审计协同一个最根本特点是要在一定区域范围内对审计资源进行优化组合，因而，在一定程度上对以往的行政区划式的审计管理模式提出挑战。当前，要以中央和地方审计委员会的成立为契机，在党中央集中统一领导下，以省级为单位，在省审计委员会的集中领导下，省级审计机关负责统筹本区域内的审计力量，推进审计职业化，负责开展审计人员的入职、培训、考核、晋升以及淘汰分流，建立一支高素质专业化的审计队伍。基本设想是：增强省级审计机关的统筹能力，省级以下审计机关在审计资源安排使用上接受省级审计机关的统一调度和指挥，自身主要负责配合、协调、管理、监督等职能。

④国家审计与内部审计协同内容。国家审计与内部审计协同内容涉及到协同本身要解决的主要问题，简而言之，为了实现协同目标，应当着重研究和解决好协同模式、协同方式方法、协同机制以及协同管理等方面的问题。

第一，协同模式主要有现场协同、网络协同和平台协同等几种模式。协同模式是指通过一种什么样的形式或途径来实现审计协同。现场协同是内部审计人员参与到国家审计项目组，接受国家审计领导、委派、安排，并承担相应工作任务。该模式下，内部审计人员编入国家审计项目组，共同进行现场的外勤审计，包括完成审计调查、制定计划、审计实施以及审计报告等阶段。网络协同是借助于互联网技术和手段，内部审计人员在国家审计机构的安排下，完成既定的工作任务，并及时网络传送给国家审计项目组。该模式下，内部审计人员在接受工作安排时，可以不必进行现场审计工作，只需独自按时完成指派任务，并将结果传送给项目组。该模式主要依赖的是联网审计技术手段。平台协同是在协同平台的统一指挥、调度和部署下，内部审计人员负责完成相应工作任务，并接受管理和考核。该模式不仅实现对审计资源的整合，还能对审计人员进行有效管理。显然，现场协同的沟通效率高、沟通效果显著，但也存在管理成本高、管理效率低下以及审计协同效果不佳等劣势。因此，现场协同是协同的初级阶段。网络协同和平台协同能够有效降低协同的交易成本，提高协同效率和效果。它们均是协同发展的高级阶段，尤其是平台协同模式，更是协同深化发展的理想状态。这是因为平台协同模式能够极大地提高协同管理的水平，带来协同的革命性变革，它必将极大地助推协同效应的产生，同时它也是科技强审的重要举措。本书接下来的第四、第五部分将着重探讨平台协同模式的内容、目标和运作方式。

第二，协同方式方法主要包括审计业务参与、审计业务外包和审计业务委托等几种形式。协同方式方法一般是从协同参与者角度出发，探讨如何使得内部审计与国家审计协同等方面的问题。业务参与是内部审计人员参与到具体的国家审计项目中去，可以根据业务需要，选调适合的内部审计人员与国家审计人员共同组成项目组。例如，某市审计局在对所属国有投资公司负责人进行经济责任审计时，可以抽调所属其他国有企业或者国有控股企业内部审计人员参与。业务外包是国家审计机关将一部分业务外包给内部审计机构负责实施。目前，社会审计机构通过购买公共服务的方式，负责实施部分国家审计项目，如投资审计、国企审计等。内部审计以业务外包形式从事国家审计项目的并不多见。这方面也可以进行必要的探索。从审计业务能力、审计业务管理等方面来看，内部审计已经具备了从事相应国家审计的业务素质和条件。下一步需要在制度、政策等层面加以规范，明确责权利等关系。业务委托是国家审计机构直接将某项业务委托给内部审计机构，并明确双方责任。目前，国家审计机关可以依法将具有管辖权的审计项目委托给下级审计机构负责实施。从法律上来看，国家审计机关还不能将审计业务直接委托给内部审计机构来实施。然而，从审计协同的角度出发，为了推进此项工作，发挥审计监督合力，需要探索在一定领域、一定范围内的委托业务，直接由内部审计机构来组织实施，并接受事中和事后检查。例如，S市卫健委内部审计对辖区内医疗卫生机构开展了一系列的审计活动，积累了丰富的经验。S市审计局在对市属A医院进行审计时，可以委托S市卫健委内部审计机构负责对A医院进行审计。

第三，协同机制主要有运行机制、约束机制、监督机制和激励机制等方面内容（如图5-1所示）。协同机制所要解决的核心问题是减少或消除国家审计与内部审计的摩擦、内耗和冲突，做好序参量管理，使得双方步调一致，通过合作共赢，最终产生"1+1>2"协同效应。序参量（order parameter）是协同学的重要概念，它是支配系统运转并保持系统稳定状态的关键性因素。一般来说，序参量能够有效地发挥支配作用的系统一定是稳定、有序和有效的。协同系统受到一组或多个序参量控制，不同的序参量之间处于竞争状态，胜出的序参量将对系统实施控制。根据序参量的概念特征，结合国家审计与内部审计协同的实际状况，支配协同的序参量主要有以下几方面：一是党的集中统一领导。中国共产党是中国特色社会主义的领导核心，国家审计、内部审计都要自觉接受党的领导，坚决执行党的决定，维护党的纪律。因此，需要以党和国家利益为重，个体利益、部门利益要服从大局，听从组织安排。为更好地发挥党的集中统一领导，增强党的领导力、执政能力，需要以习近平新时代中国特色社会主义思想为指导，坚决贯彻落实党的十九大报告精神，全面从严治党，不断提高党的先进性、纯洁性和战斗力。二是国家审计机关的权威性。国家审计机关依法对内部审计进行指导和监督，内部审计机构要接受国家审计机关的领导。从地位上来说，国家审计机关居于领导地位，内部审计机构处于从属地位。国家审计机关的权威性是一种法律赋予的行政权威。同时，国家审计机关需要在业务能力、资源、技术手段等方面不断进行拓展，不断提升自身的专家权威、信息权威、资源权威，以切实提高自身的领导能力。三是审计职业的从业要求。从审计职业发展和管理的视角，可以对准入门槛、考核要求等硬件条件进行规定，以吸引和引导内部审计人员以更大的兴趣参与到国家审计项目中来。例如，可以规定内部审计人员从事国家审计项目的最低时间要求，将从事国家审计项目作为职称评定的条件以及作为职业流动的优先考虑条件等。在这些条件限定下，可以在一定程度上激励和引导内部审计人员投身于国家审计项目的兴趣和积极性。四是激励措施。主要包括精神和物质方面的激励。激励措施应当与审计职业的付出、努力和风险相对等。否则，审计人员将被其他更有吸引力的工作机会所动摇，出现思想动摇、工作消极甚至跳槽等情形。上述四个序参量相互竞争和补充，需要以党的集中统一领导相关的序参量为根本核心、国家审计机关的权威性相关的序参量为重点、审计职业的从业要求和激励措施相关的序参量为两个抓手。

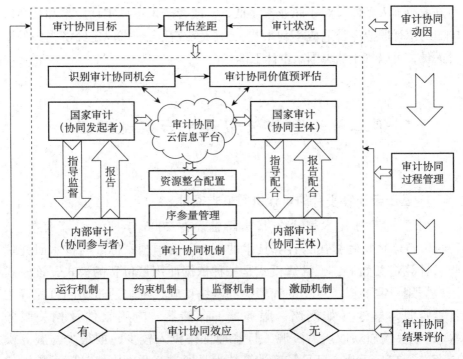

图 5 - 1　审计协同监督框架

　　第四，协同管理主要是协同准入、协同培训、协同考核和协同退出等方面内容的管理。为确保协同体的稳定运转，需要对协同者进行必要的管理。国家审计机构应当建立专门的协同管理机构，负责对协同参与者进行准入、培训、考核以及退出的管理。协同准入是对参与协同审计项目的人员所具备的资格和条件进行的限定。依据审计职业化的发展要求，从事国家审计和内部审计的所有人员都应当具备相应的资质和条件。例如，具备一定的专业教育背景、获取有关执业资格证书、从事审计工作达到规定年限等。协同培训是对参与协同的审计人员进行必要的培训，帮助他们熟悉相关的法律法规、政策和审计准则，掌握必要的审计技能、程序和方法，以提高其专业胜任能力。协同培训时间亦可计入审计人员所需要完成的后续教育学时。协同考核是对参与协同的审计人员完成审计项目情况所进行的评价，并根据评价结果对审计人员进行奖励或者相应的惩罚。协同退出是指将不合格的审计人员淘汰出局，取消其参与国家审计项目的资格。同时，可以规定，对于退出的审计人员，欲再次进入国家审计项目组，必须重新取得准入条件。对于职业素质低下，或者产生不良审计后果和社会影响、对审计职业声誉造成不利影响、给国家或社会带来一定经济损失的审计人员，可以禁止从事国家审计工作。

第二节 智能云审计平台实施路径

1. 基于云计算平台的审计协同模式探讨

（1）云计算技术概念与基本特征。在 2006 年搜索引擎大会上，Google 首席执行官提出云计算技术的概念。美国国家标准与技术研究院将云计算定义如下：云计算模式是一种依据使用量付费的模式，该模式可根据用户需要提供可用的和便捷的网络访问，用户通过访问可配置的计算资源共享池（如网络、服务器、存储器、应用软件及相关服务等），能够快速获取所需资源，且管理工作投入较少，或很少与服务供应商进行交互活动。可见，云计算技术是通过互联网网络访问可扩展的物理或虚拟共享资源池、按需自主获取并管理资源的一种技术模式。从技术层面看，云计算最主要的核心技术包括虚拟化技术、分布式数据存储技术、海量数据处理技术。

云计算技术的基本特征如下：

一是为用户提供计算机硬件和软件等方面的资源服务，并按照用户使用量收费。从服务视角来看，云计算技术是一种全新的商业运作模式。该模式通过运用虚拟化技术，以互联网为载体，向用户提供计算机基础架构、数据平台、软件等多种形式服务。其中，最主要的服务内容包括 IaaS、PaaS、SaaS 服务模式。

二是减少用户的计算机硬件、软件等方面的使用成本。具体包括购置、运行和维护等方面的成本。例如，通过系统虚拟化技术，即将一台单独的物理计算机系统虚拟化为一台或多台虚拟计算机系统，模拟虚拟化层级使虚拟计算机中的操作系统误认为其运行仍然是独自占用一个完整系统。在云计算平台的数据处理中心，通过虚拟化服务器、网络和应用等解决方案，既能够帮助用户减少硬件购置、优化资源配置，又能创建出动态 IT 基础设施环境，实现降低成本的效果。

三是能够快速响应用户需求。云计算技术的一个重要特点是运行速度极快，从而减少用户的运行时间。这种快速处理源于分布式数据存储技术的运用，即调动多台闲置服务器的数据存储资源来克服单台服务器所不能满足的存储需求的局限性。云计算技术统一管理和调度存储资源，并保证数据读写操作过程中的安全性、可靠性。这种分布式数据存储技术带来的另外一种可能是实现海量数据处理，即通过有序、合理配置海量数据到多个结点，利用并行化计算功能，计算和分析 TB 乃至 PB 级规模数据。总之，云计算具有明显的优势，可以减少投入和运行成本、增加业务的灵活性、提高计算机系统的可用性、提升专业性等。

一般来说，云计算技术涉及服务商、客户和独立的第三方评估机构。服务商负责投资云计算基础设施、构建云计算平台、提供云计算服务。客户通过付费有偿使用云计算服务。第三方评估机构负责对云平台以及云计算服务的安全性、可靠性、稳定性等进行评估。

实践表明，云审计技术是共享审计资源、优化审计流程并实现国家审计与内部审计协同的重要技术路径。实现国家审计与内部审计协同的关键是建立无缝隙平台，最终把审计机关建设成为"无缝隙组织"，云审计为实现国家审计协同内部审计提供了技术支持。推进审计协同云平台建设也是贯彻落实习近平总书记在第一次中央审计委员会会议上要求的"要坚持科技强审，加强审计信息化建设"重要讲话精神的具体体现。

（2）审计协同云平台主要内容。云审计是审计在云端的一个系统集合，至少应包括三个方面的内容：一是依托第三方服务商提供的或专业建设的"云计算"基础平台，对审计数据进行采集、存储、传输，并保障数据的安全；二是利用云计算专业技术对审计数据进行处理，实现审计手段智能化；三是审计资源通过云来协同，实现审计工作业务协同，促进信息共享及沟通，保证审计过程质量。协同审计机制具有三层结构：审计战略机制、审计运行机制和审计保障机制。协同云审计体系由四层结构组成：云审计基础设施层、云审计资源平台层、云审计服务应用层、云审计分析展现层。具体如图 5-2 所示。①

---

① 蒋洪浪. 基于大数据的数字化审计技术方法体系构建——以保险公司数字审计为例 [J]. 中国内部审计，2017（11）：14.

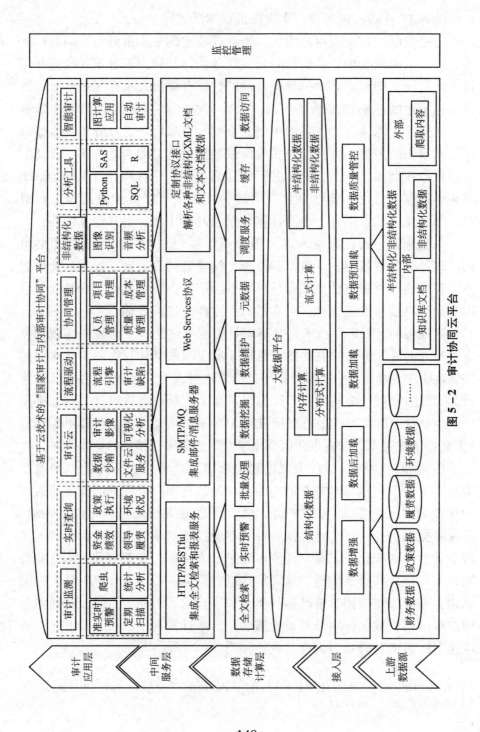

图 5 - 2　审计协同云平台

（3）审计协同云平台功能。

第一层次为云审计基础设施层，主要包括上游数据层和接入层。数据按来源分为不同单位、部门和机构的财政财务收支数据，领导干部经济责任履行情况数据，重大决策制定及实施数据，政策落实和执行效果数据，重大项目投资数据，自然资源资产数据，财政预算执行和决策数据等。数据按照能否用数据库二维表来表达，可以分为结构化数据和非结构化数据。结构化数据即数据库，遵循数据格式与长度规范，主要通过关系型数据库进行存储和管理。非结构化数据是数据结构不规则或不完整，没有预定义的数据模型，不方便用数据库二维逻辑表来表现的数据。具体包括所有格式的办公文档、文本、图片、XML、HTML、各类报表、图像和音频/视频信息等。结构化数据一般可以按照规定流程进行分析，非结构化数据一般需要运用不同的分析方法，其蕴含的价值极大。

第二层次为云审计资源平台层，主要是数据存储计算层。云平台将数据划分为结构化、半结构化和非结构化三种不同类型，整合后成为一个大数据平台。数据平台能够实现以下功能：一是数据检索和查询，主要有全数据库检索、查询、实时预警。从国家审计与内部审计协同的视角来看，可以检索和识别审计协同机会，建立国家审计和内部审计人员组成的审计团队，并确立项目负责人。在审计协同中，及时利用相关数据，揭示协同存在问题，提高协同效率。例如，协助进行审计协同管理，按照计划有序推进审计项目的进程。二是数据处理，主要有批量处理、数据挖掘。云计算平台可以快速整合国家审计与内部审计资源，可以随时、随地推送数据，审计人员按照项目组指令，按时提交审计工作底稿，通过云计算平台实现远程审计。三是数据管理，主要有生成元数据、数据缓存、数据调度。云平台可以提供大数据技术分析所需要的相关数据。

第三层次为云审计服务应用层，主要是中间服务层。平台服务以SaaS为基础，用于帮助进行审计决策、审计组织、审计实施、审计管理以及审计数据整理等。平台下各审计机构无须购置服务器和电脑主机，只须接入云终端。本层提供审计管理服务，包括审计项目筛选、审计项目组织实施、审计资源调配以及审计质量监控等。除此之外，还负责保障云安全。基于国家审计与内部审计协同，云平台负责做好审计人员管理，挑选适当的内部审计人员进入平台，根据所在单位、专业背景、执业经历、专业能力，以及考核情况决定其参加国家审计项目的类别、层次、身份、工作内容和频率等。同时，根据考核结果，及时淘汰不合格和不能胜任的内部审计人员，并补充新进的内部审计人员。对于新进的内部审计人员，还可以通过云平台进行业务培训，系统掌握相关从事国家审计所需要的理论、政策、法律法规和技术方法等内容。

第四层次为云审计分析展现层，主要是审计应用层。主要实施的职能有审计监测、实时查询、审计云、流程驱动、协同管理、非结构化数据分析、智能审计等方面。主要服务内容有 Web 审计服务、审计报告服务、审计资料传输、移动审计服务、实时审计服务以及智能审计服务等。基于国家审计与内部审计协同，利用大数据分析，提高审计资源配置效率和效果。例如，通过大数据分析，构建审计协同机制，包括考核评价机制、监督激励机制以及运作机制等，提升审计协同的质量和层次。云平台还可以定期发布审计协同质量报告，综合反映审计资源概况、审计协同的领域、成本、风险与成效等情况，为进一步做好审计协同管理提供决策依据。此外，根据需要，云平台可以实时、动态地提供审计协同信息，以提高审计协同管理的及时性、针对性和有效性。

上述审计协同模式的特点有：一是云平台构建要以国家审计机关为主导，云平台属于公有云，或者租用第三方资信好、技术过硬、服务质量高以及云平台安全性能良好的商业云平台。国家审计机关负责云平台的开发、建设、维护、运行和安全，负责投资云平台的硬件和软件设施。在租用第三方云平台的情况下，可以引入第三方评估机构对云平台的运行和安全性进行定期评估。二是充分运用大数据技术。通过海量数据进行收集、整理、归类与分析，是云平台高效运行的重要前提条件。云平台数据要实现动态、适时更新，要与其他云平台数据能够进行交换、共享，要及时反映审计环境的变化。三是不断拓展资源整合功能。云平台的最大优势便是对资源进行整合优化，这也是协同的精髓之处。通过整合，将置于云平台之上的国家审计与内部审计资源进行统一调配，以满足不同审计项目的现实需要。

2. 基于云计算平台的国家审计与内部审计协同运作研究

（1）云平台运作形式及基本要求。目前，云平台的构建与维护通常是通过第三方云服务商提供的外包服务，具体涉及云服务商、云服务客户以及第三方评估机构利益关系方。从审计协同云平台来看，政府部门作为出资方和云服务客户，负责挑选具有资质的云服务商开发、建设协同云平台，供国家审计机构、内部审计机构及相关人员使用。审计协同人员作为用户，需要定期或不定期向云服务商缴纳使用费用。第三方评估机构主要负责对云服务商安全能力进行评估，具体包括平台的物理与环境维护、系统开发与供应链的安全性、系统与通信保护、应急响应与灾害备份、系统访问控制、系统维护与配置管理、风险评估与持续监控、系统运行安全审计等。

确保云平台的安全性能符合既定要求，是云平台运转的重要前提条件。对于云平台的信息，需要事先设定权限，有条件地对不同级别、层次和身份的审计人员开放。由于大数据技术的广泛采用，原本一些虽然不太重要的信息对外公开后，经过大数据技术分析，就极有可能导致重要的信息泄漏。因此，做好云平台的信息安全管理至关重要。目前，云平台的建设尚处于初级发展阶段，还可能有很多问题难以估计和预料。为了应对可能出现的风险，建议按照循序渐进的方式，围绕信息的重要程度，有序进行开放。按照审计业务类型的重要程度，可以划分为一般业务、重要业务和关键业务；按照信息的保密性要求程度，可以分为公开信息、敏感信息和绝密信息。对于一般业务的公开信息，可以优先采用云平台；对于重要业务的敏感信息，也可以采用云平台，但需要做好信息的甄别和保护；对于关键业务的绝密信息，则暂不采用云平台。审计业务与信息重要程度推荐使用云平台情况如图 5 – 3 所示。

（2）基于云平台的审计协同运作分析。云平台是实现审计协同的技术手段，云平台下的审计协同核心问题是如何更好地整合审计资源，产生审计监督合力，从而高质量地完成审计工作，有效发挥审计在党和国家监督体系中的重要作用。因此，审计协同云平台着重需要解决的问

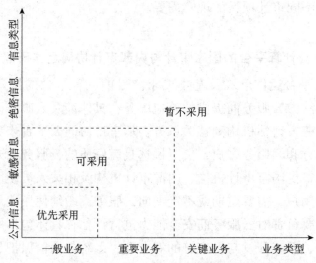

图5-3　审计业务类型与信息保密等级的云平台推荐使用

题有资源整合、业务管理以及协同管理，即要借助于云平台实现管资源、管业务和管协同的"三管"齐下。其中，资源管理是前提，业务管理是核心，协同管理是保障。

　　云平台的理想状态是：按照具体审计业务需求，平台会将相关审计项目信息推送给适合的审计人员，由他们自己在规定期限内报名，根据报名情况，系统设定相应条件进行筛选，并确定审计项目负责人，同时，对相关审计人员进行必要的审前培训以及提出审计纪律等方面的要求。审计项目组制订审计计划，并合理安排小组人员进行具体工作指派，各成员按要求将审计信息输入平台，再由平台进行汇总、分析，若发现新的疑点，再提出新的审计证据收集要求。在整个审计过程中，可以由专门的国家审计人员进行现场调查和资料、图片、数据的传送，参与的内部审计人员主要负责进行分析、判断、总结、提炼，并形成审计结论。这样，参与的内部审计人员，由于本身只担负其中一部分的工作，可能并不知晓所审计的具体对象，既有利于提高审计独立性，又能规避和减少审计信息被泄漏的风险。

　　结合上述思路，云平台的运作主要涉及的"三管"环节分析如下：

　　第一，做好资源整合，优化资源配置。首先，要设定基本限定条件，将符合要求的内部审计人员和国家审计人员进行登记，登记的内容包括职称、职务、年龄、性别、专业、学历、工作经历、从事审计项目情况、兴趣爱好、特长、培训情况、主要业绩等。其次，需要将审计人员信息逐一录入数据库，建立一整套详细的、完整的、动态的审计资源数据库。审计资源数据库应当分类进行设置和管理，类别根据需要设立，不用拘于形式。例如，可以按照审计人员从事的行业设立，可以按照审计人员从事审计业务类型设立，可以按照审计人员所掌握的技术手段设立，还可以按照审计人员所担负的岗位设立。这样，可以建立的信息库有公安系统审计人员数据库、经济责任审计人员数据库、大数据审计人员数据库、审计项目组长数据库等。也可以按照审计人员专长设立相关的审计专家数据库。当然，也可以按照事先设定的具体条件，适时查询所需要的审计人员。数据库的建立为后续审计业务开展提供重要的指导和依据，可以结合审计项目的实际情况，选派符合条件的国家审计和内部审计人员参与到具体的审计项目中去。

第二，实现审计业务的精准化管理。审计过程实质上就是调查取证的过程，即收集充分、适当的审计证据，对被审计单位存在的经济活动与事项进行客观评判，并提出审计意见和建议。传统审计模式下，存在的明显问题和缺陷是：审计未能全覆盖导致"以偏概全"；审计重点不突出导致重大"审计遗漏"；审计技术落后导致"审计效率低下"；审计人员胜任能力不够导致"审计质量不高"。云平台模式加之审计协同，能够有效破解上述问题。首先，大数据技术的广泛应用使得审计全覆盖成为可能，抽样审计成为历史的代名词。其次，审计前细致调查、审中发现问题以及以往经验的运用，可以集中围绕审计疑点，全方位地搜索相关信息，查找问题。最后，云平台能够根据项目特点，组建一支高素质的审计队伍。此外，在审计中发现问题时，也可以随时向云平台的专家库求助，寻求最佳解决方案。因此，在云平台模式下，审计业务管理完全可以做到精细化、精准化和精益化，极大地提高审计效率和效果。这种变革还在于审计模式发生重要转变：事前根据大数据对所要审计对象以往主要存在的典型问题进行深入分析和解读，并建立回归模型，找出被审计对象一类单位违法违规的普遍性识别信号，将所要审查对象的数据输入数据库进行验证，筛选出可能存在违法违规和重大缺陷的问题，发送给审计人员进行逐一查证。事中，审计人员依据发现的疑点和线索，集体分析、研讨，通过延伸审计、追踪资金流向、嫌疑人员活动轨迹分析以及被审计对象内部举报线索等手段，锁定主要问题并搜集证据。

第三，着眼于序参量管理，建立良好的协同机制。为保证审计协同始终处于一种稳定的、有序的运转状态，需要利用云平台动态监测协同状况，采取适当的策略，保障协同体的安全、高效。序参量管理目标在于充分调动协同人员的主观能动性和积极性，树立敢于担当的强烈的职业精神，献身于审计职业，履行好自身职责和使命。简而言之，需要建立审计职业的认同感、归属感和价值感。只有审计人员的付出和努力得到社会的承认和认可，才能激发和激励他们以审计职业为荣、以责任担当为使命，在审计执业中找到归属，并能够充分感受自身的价值所在。为此，需要出台相应的规则，建立审计职业的准入门槛，包括从事国家审计所具备的基本素质和条件。根据经济社会发展需要，可以对准入条件进行动态调整。符合准入条件的审计人员在参与具体的国家审计项目时，也要符合既定的条件。也就是说，取得了审计职业准入条件，只是从事国家审计项目的必要条件。对于参与审计项目的人员，将其在审计项目中的工作情况录入系统，按照工作完成情况进行适当评价，并给予相应的物质和精神奖励。对于不能胜任工作、出现一定失误或过错以及不当泄露国家机密的审计人员，应当及时使其退出国家审计项目组，情节严重的，则直接淘汰出局，不能再从事国家审计工作。对于优秀的审计人员，可以考虑为其提供出国访问及带薪休假的机会，资助其参加国内学术研讨交流及出版审计专著。还可以安排优秀的审计人员作为审计职业后续教育讲师，并给予相应的待遇。还可以建立审计高层次人才梯队，遴选符合条件的审计领军人才，进行组织培训，发挥其在审计职业中的模范带头和指导性作用。

（3）云平台审计协同监督的预期成效。

①整合审计资源，发挥协同治理。财政项目关联方多、结构复杂、任务艰巨，加之审计资源的短缺，使云平台协同审计工作充满挑战。审计人员应事先制订较为完善的计划，对审计资源进行合理分配，并加以

分类及筛选；创建审计项目资源库，邀请权威专家探讨，分析典型云平台协同审计案例，发挥其示范性作用。在审计过程中，需要重视协同治理，在前期准备、物料采购、建设施工、竣工决算阶段，需同时关注管理、质量和绩效问题，合理评价项目投入产出、服务质量和测算各指标的实现情况，考虑多种审计方法组合使用，进一步加强全过程跟踪审计的作用，更好地完成各项指标。

②利用信息技术，提升审计效率。随着财政项目范围不断放大，其审计模式、审计方法都需要结合实际不断更新完善。目前已进入信息化时代，关于云平台项目协同审计也同样需要应用现代信息化技术，针对目前出现项目工作量大、需求大但审计人员缺乏的现象，在审计工作中应用现代互联网技术，能够收集更为完整、全面的信息，也可以在政府、各部门之间建立起协同信息平台以实现信息共享和传递，提高沟通效率，优化信息存储，形成一个项目数据库，通过数据比对分析，可以削减信息壁垒、优化审计模式、提升审计效率。

第六章 浙江省数字化财政清廉高效模式的构建与应用——以资产云为例

第一节 新时代监督剑指国有资产管理

国有资产属于国家所有即全民所有，是全体人民共同的宝贵财富。行政事业单位国有资产是行政事业单位履行职能、保障政权运转以及提供公共服务的重要物质基础，是财政管理的重要基础和有机组成部分，在推动经济社会发展、保障和改善民生、保护生态环境等方面发挥着重要作用。《国务院关于 2021 年度国有资产管理情况的综合报告》显示，2021 年，全国国有企业（不含金融企业）资产总额 308.3 万亿元，负债总额 197.9 万亿元，国有资本权益总额 86.9 万亿元；国有金融企业资产总额 352.4 万亿元，负债总额 313.7 万亿元；全国行政事业性国有资产总额 54.4 万亿元，负债总额 11.5 万亿元，净资产 42.9 万亿元，而其中，行政单位资产总额达 19.0 万亿元，事业单位资产总额为 35.4 万亿元。进一步，从国有自然资源情况来看，截至 2021 年底，全国国有土地总面积 52 346.7 万公顷，其中，国有建设用地 1 796.3 万公顷、国有耕地 1 955.5 万公顷、国有林地 11 245.7 万公顷、国有草地 19 757.2 万公顷、国有湿地 2 178.3 万公顷。根据《联合国海洋法公约》有关规定，我国管辖海域面积约 300 万平方千米，全国水资源总量更是达到 29 638.2 亿立方米。可以说，国有资产经过多年的积累，"家底"更加雄厚。

近年来，党中央、国务院高度重视各地方、各部门和各行政事业单位的行政事业性国有资产管理工作，构建了管理制度体系，规范了资产配置、使用、处置等各环节，夯实了资产年报、信息系统、产权管理等基础工作，有效提升了资产管理质量和水平，保证了行政事业单位履职和事业发展需要。但与此同时也要看到，实践中国有资产管理仍然存在一些突出问题：资产管理与财务管理相互脱节，"信息孤岛"现象严重，财政监管部门无法真实掌握国有资产存量情况，家底不清、账实不符时有发生；监督不力，资产使用效率与共享水平低下，普遍出现国有资产长期闲置、低效运转、资源浪费等现象，难以实现国有资产的全面预算管理、业绩考核与国有资产的可持续利用等（迟玉收、胡永保和管文行，2018；樊鹏，2017；李瑛，2015；朱永良，李少鹏和徐建平，2012）。而其所具备的公共性、服务性、非营利性、层级性和条块结合性以及积淀性与过渡性（王宝库，2006）特征又加大了管理难度。由此，如何管好用好国有资产，实现人大国有资产监督的制度化、规范化，提升国有资产治理体系和治理能力现代化一直是行政事业单位国有资产管理亟待解决的重大命题。

以习近平同志为核心的党中央高度重视建立国有资产管理情况报告制度。党的十八届三中全会提出要加强人大国有资产监督职能。2017年12月30日，中共中央印发《关于建立国务院向全国人大常委会报告国有资产管理情况制度的意见》，2018年5月，我国全面推进建立实施国有资产管理情况报告制度。要摸清国有资产家底，向全国人大和全国人民报告全口径国有资产的"明白账"。党的十九大报告明确提出"建立全面规范透明、标准科学、约束有力的预算制度，全面实施绩效管理"。2018年9月《中共中央　国务院关于全面实施预算绩效管理的意见》出台，要求2020年底中央部门、省级层面和市县层面建立全面规范透明、标准科学、约束有力的预算制度，做到"花钱必问效、无效必问责"的预算管理和绩效评价结果的硬化约束；2019年1月10日，财政部印发《关于进一步加强和改进行政事业单位国有资产管理工作的通知》，要求各部门单位切实承担起资产管理的主体责任，把资产管理放在与资金管理同等重要位置，加紧做好公共基础设施等资产登记入账和管理，优化新增资产配置管理工作，要严格控制资产出租出借和对外投资行为，规范资产处置管理，要探索建立共享共用和资产调剂机制等；2019 年 1 月《政府会计制度——行政事业单位会计科目和报表》正式实施，重构政府会计制度，国有资产的核算方式由此发生重大变化。这是贯彻落实党的十八届三中全会"加强人大预算决算审查监督、国有资产监督职能"及十九大强调加强国有资产监督管理的重要改革举措，是加强人民当家作主的制度保障。进一步，为加强行政事业性国有资产管理与监督，健全国有资产管理体制，推进国家治理体系和治理能力现代化，2021 年 4 月我国《行政事业性国有资产管理条例》正式施行。另外，2015 年 8 月，国务院出台《促进大数据发展行动纲要》，2017 年 8 月，习近平总书记要求运用大数据提升国家治理现代化水平。要建立健全大数据辅助科学决策和社会治理的机制，推进政府管理模式的创新，实现政府决策的科学化、社会治理的精准化和公共服务的高效化。由此，探讨如何运用大数据提升政府国有资产治理能力、创新国有资产管理模式具有较强的现实意义。

由此，本书基于互联网、云计算、大数据和物联网等新一代信息技术的快速发展，以浙江省政府搭建"万物互联"的全口径国有资产信息共享的资产云平台创新实践为例，探索相关部门单位互联互通，全面完整反映各类国有资产配置、使用、处置和效益等制度落地生效的实现路径，构建大智移云环境下行政事业单位的国有资产全方位、全过程、全覆盖动态管理与预算管理绩效评价系统，创新政府资产"用数据说话、用数据决策、用数据管理"的管理模式，提高财政资源配置效率和使用效益，增强国有资产管理的公开透明度，提升国有资产治理能力现代化。具体拟从浙江省搭建行政事业单位资产云平台的动因、建设目标、组织与总体架构、技术路径，以及资产云平台实施成效与应用场景、启示几方面展开论述。本部分的贡献在于丰富了现代财政研究的理论成果，也为打造新时代下透明财政、清廉财政模式的构建及行政事业单位资产管理提供了实践样板。

第二节　浙江省资产云平台1.0建设

1. 浙江省搭建资产云1.0平台的动因、目标与总体架构

（1）搭建动因。浙江是民营经济大省，但国有经济同样体量很大，两者共融共生。据《2021年度全省国有资产管理情况综合报告》的相关报告数据显示，截至2021年底，全省国有企业（不含金融企业）资产总额160 706.65亿元，国有资本及权益总额52 627.11亿元，资产负债率为63.4%；全省行政事业性国有资产总额28 705.94亿元，净资产24 132.16亿元。全省国有土地面积181.02万公顷，其中，国有农用地55.36万公顷，国有建设用地76.69万公顷，国有未利用地48.96万公顷。纳入统计矿产94种（含乙类矿产14种，不包括油气、放射性矿产）。水资源总量1 344.73亿立方米。管辖海域4.44万平方千米。国有林地面积34.20万公顷，国有林木蓄积3 389.43万立方米。湿地总面积16.14万公顷。专项报告还显示，与人民群众生活息息相关的教育、卫生健康、文化和科技等公共资产实现较快增长，有力促进了浙江省社会事业的蓬勃发展。从资产管理能力来看，当时全省财政资产管理信息系统只具备基础统计与填报、审批系统功能，缺少对单位资产管理业务的统一考虑，也缺乏大数据分析及其可视化等高级功能；政府资产管理业务与会计核算、预算管理、国库支付、部门决算、财务会计报告等信息系统业务脱节，导致对资产占有和使用情况、损毁和长期闲置等问题不能实时把握，不能科学、全面、准确反映政府资产的动态状况，难以实现综合资产绩效量化评估；再则，政府各单位的资产管理信息系统缺少统一标准，未形成高度集成的一体化平台，存在重复投资、重复建设、资金浪费的现象等。因此，如此巨大的国有资产体量，财政现有资产管理系统技术难以适应数字政府转型时期对政府资产管理的客观需要，急需升级。从浙江省实情来看，以"最多录一次"来支撑浙江省政府"最多跑一次"政府服务模式改革也要求搭建财政资产管理云平

台，由此，拉开了旨在服务清廉财政建设目标的浙江省资产云系统建设工程。

（2）资产云 1.0 平台的建设目标。依据行政事业单位国有资产管理"归属清晰、权责明确、配置合理、处置规范以及运作高效"的目标，秉承资产管理与预算管理相结合、资产管理与财务管理相结合、资产管理与价值管理相结合的三大原则。浙江省财政在搭建行政事业单位资产管理云平台时，即明确其总体目标为：综合应用物联网、大数据、云计算、人工智能技术，解决国有资产盲目配置问题，旨在打造国有资产动态监管网，以形成创新、开放、共享、绿色的数字经济新业态；同时，分类管理不同个性化的资产，设计满足特定应用场景的资产管理技术解决方案，实现资产数据统一汇聚与综合管控的资产动态监管与绩效评价体系。

（3）资产云平台组织——资产云开放协同创新中心的设立。2018年 7 月，杭州电子科技大学和财政厅共建资产云开放协同创新中心，以用友公司、浙江电信、浙江省物联网产业协会、浙江省公众信息产业有限公司、和轩办公有限公司、氚云、阿里云效、青云、浙江编码中心、环保集团等主体协同创建和支撑维护。该中心是政府、高校、企业、协会等多方共同参与的协同交叉创新中心，创建主旨为开放、协同、创新，共建、共享、共赢。由此，浙江省国有资产云平台依托杭州电子科技大学校数字校园建设的基础，于 2018 年下半年率先在该校试运行，并取得较好的效果。

（4）资产云平台的总体架构与技术路径。事实上，2012 年浙江省财政厅启动财政信息化改革，在金财工程的基础上，全面打造以大数据、云计算等信息技术为支撑、以标准化数据字典与规范化业务流程为核心内容的数字财政模式，实现用数据管理与决策。多年来，依托阿里巴巴以及用友团队的强大技术支持，浙江省财政完善升级原有的省市县三级联动的浙江政务服务网，并于 2014 年开始架构分别服务社会公众和行政事业单位的公有云和专有云的省电子政务云平台。在此基础上，2017 年开始针对全省行政事业单位国有资产的管理进一步开展应用创新，以利用物联网技术构建实物数据追溯体系，对接现有资产档案数据，建设资产智能管理云数据中心，建立资产编码云、资产物联云、智慧共享云等资产管控云平台（资产云平台总体架构与技术解决方案见图6-1~图6-3），旨在打造资产动态管理和绩效评价体系，实现资产大数据可视化、采购决策支持、资源管理一张图、资产远程诊断运营维护、资产共享等目标。1.0版本搭建的资产云平台在杭州电子科技大学试运行，相关模块也在行政事业单位推广中。截至2019年，全省行政事业单位内部资产管理逐步迁移到云资产云平台，并与省"政采云"、核算云等协同应用，初步实现资产云平台架构搭建的目标。具体技术路径如下：

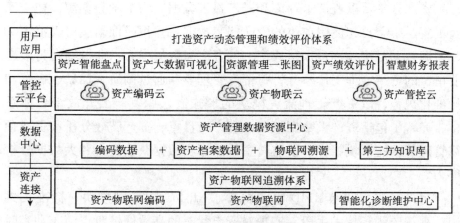

图6-1　资产云平台系统架构框架

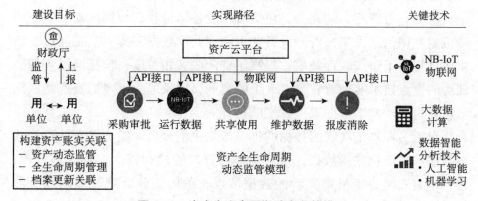

图6-2　资产全生命周期动态监管模型

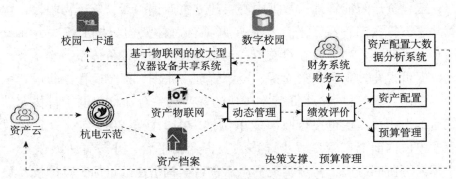

图6-3　技术解决方案

资产云平台以资产卡片库和资产报表数据库为基础数据源，初步涵盖了省、市、县和使用单位的资产档案数据，并积极推动接口规范定义和多源数据对接，逐步构建成统一的资产云数据中心。通过结合行政事业单位的资产管理工作事务，将资产管理业务通过调研、抽象、提炼和标准化规范，以资产管理流程模块的形式嵌入原资产云开放平台体系中，完善了包括资产大数据概览、资产云盘点、资产绩效分析和资产预算管理等功能模块，提升了监管主体的真实数据获取能力和大数据分析能力。

另外，综合利用 RFID 电子标签、NB-IoT 物联网模块、标准二维码、视频监测等技术手段，实现对资产状态的高效便捷盘点清查和实时状态监测，加强资产云对各类固定资产的监管功能。主要可以实现：一是资产动态管理能力的完善，包括资产设备运行状态数据采集、安防监测位置数据信息采集、资产设备使用率和共享数据采集；二是通过新技术体系提升了资产管理效率，提高了资产账实相符度，包括通过更智能便捷的盘点技术实现节省盘点人工的目的，以及通过客观的资产物联网数据促进资产档案数据逼近真实的目标。

最后，在基于物联网数据的进一步采集汇聚后，结合已有的资产档案数据和资产物联网数据，进一步打通资产管理在资产配置计划管理、预算申报和财务审批等流程的数据节点，重构部分资产管理的政务流程，实现从资产使用申报单位到资产主管审批单位政务办公的数字贯通，为管理者提供在各个环节的量化数据决策支持，达到将原资产管理政务流程逐步转变为数字政务的目标。

2. 资产云 1.0 平台动态监管的实施成效与应用场景

（1）实施成效。浙江省资产云平台架构基本完善，其数据内嵌入省政务云公共数据中心，同时，资产云运营中心功能模块也不断成熟，为 2019 年全省行政事业单位内部资产处理逐步迁移至省资产云系统奠定了坚实的基础。通过该系统，国有资产管理部门可以随时概览本部门或者所管辖单位的相关资产数据，实行数据的实时管理监控和绩效评价；由于资产云移动端的使用，结合物联网技术，使资产盘点变得快捷、方便和有效。云服务模式支持单位按业务选择下载所需的资产管理服务，无须采购服务器、网络设备等，也无须承担基础设施维护任务，快速响应业务需求的变动，大幅缩短应用上线周期，有效降低系统建设成本。同时，资产云平台兼顾了单位资产精细化管理的需求和各级财政、主管部门对政府资产宏观信息分析和监管的需求，避免了国有资产重复建设和投资浪费。省财政厅相关负责人说，2018 年的"家底"摸排覆盖面更广、统计口径也更为精准和科学，单独反映了金融企业国有资产管理情况，增加了国有企业、国有金融企业"国有资本及权益"指标，从而更加精确地反映了真正属于国有的净资产。

（2）资产云平台具体应用场景。应用场景一：打造资产云数据中心，构建政府资产的智能标准化管理体系，实现资产管理的全程跟踪，保证信息流、资产实物流和资金流三合一。

运用物联网技术获取资产动态数据，打造资产云数据中心（见图6-4），资产数据统一汇聚，支持资产动态监管。一是数据对接融合，深度支持资产动态监管。打通省财政资产管理、单位资产管理和个人资产数据逐级贯穿，制定清晰的资产管理路径，实现数据逐级贯通到人到物。资产物联网系统融合对接现有资产编码规范体系，形成资产物联网的资产编码标准。通过统一编码对资产信息进行追溯，打通资产信息共享的"主动脉"和"毛细血管"，实现了资产物联网数据和资产档案卡片数据闭环融合，深度支持资产动态监管数据支持。二是构建新型资产管理标准，保证信息流和资产实物流对应。基于大数据、物联网等技术，资产云将单位资产管理内部控制规范的要求嵌入信息系统，从资产立项开始，按照统一管理标准予以分类编码、分级构建组织关系、灵活设置流程权限、自定义资产卡片样式和报表格式等，从而构建政府资产的智能标准化管理体系，实现资产管理的全程跟踪，保证信息流和资产实物流的对应。通过资产云平台的创新实践，真正实现以物联网、大数据等技术贯通资产采购审批、日常运行、共享使用、日常维护和报废消除多种接口获取数据实时上传到资产云平台，实现全过程资产管理跟踪、全生命周期动态监管，保证信息流、资产实物流和资金流的合一，促进资产的账实相符，大幅提升单位日常资产管理效率（见图6-5）。

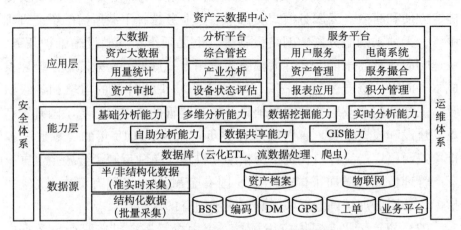

图6-4 资产云数据中心——系统设计

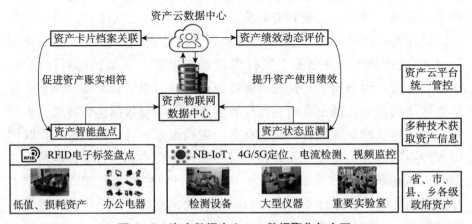

图6-5 资产数据中心——数据聚集与交互

应用场景二：打造资产共享系统，实现资产共享使用运营，避免国有资产重复建设和投资浪费，既方便社会公众，又为资产拥有方创造经济效益。

通过资产共享服务平台（见图6-6），物联网技术可以监测设备使用情况，并针对闲置、高值资产，资产拥有单位在线发布资产有偿共享服务，服务需求方通过平台获取可供使用的资产信息，通过线上和线下交流，达成资产合理化利用交易。为促进资产共享应用，对资产积分并作为单位后续资产绩效管理的重要考核指标之一，在平台上使用单位也可用资产积分兑换资产服务。开放资产共享服务平台既提升资产利用效率，也方便社会公众，并为资产拥有方带来经济效益。

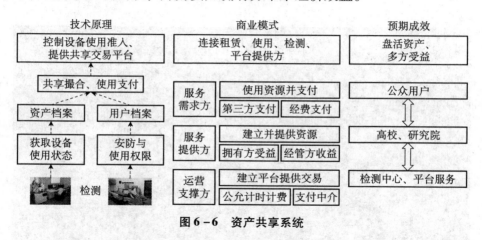

图6-6　资产共享系统

应用场景三：构建资产远程诊断维护运营中心（见图6-7），对资产运行维护日常数据采集、分析、诊断并提供知识库累积，促进资产的智能维护。

应用场景四：实施资产管理大数据一览，根据资产档案实施多维度数据分析，分类评价资产使用绩效（见图6-8）。如某事业单位的资产数据某时点的多维度分析，其绩效评价特点在于，从资产分类数据分析维度考虑，多维度组合评价资产使用单位绩效，以可视化平台呈现，为财政审批单位提供资产应用绩效评价数据支撑。

图 6 – 7　资产远程诊断维护运营中心

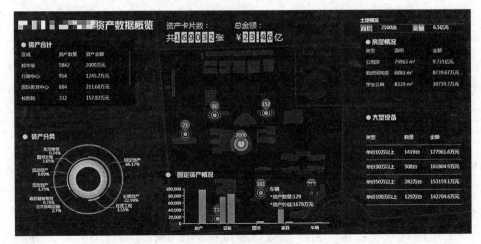

图 6 – 8　资产数据概览

3. 大数据量化评价资产绩效与智能决策

21 世纪以来，政府管理与信任危机加剧，需要重新审视政府治理方式。国有资产管理绩效评估方式科学、透明也有助于解决管理信息不对称问题。在此背景下，国资管理的绩效评估方式及其透明度成为重要的研究对象，因为这关乎公共政策的信息透明度及公众对政府的信任度。一些学者发现通过实行内部问责制度（Friedberg，Asher and Lutrin，2001）、应用绩效考评、引入竞争机制（KerryBrown，Jennifer Waterhouse

and Christine Flynn，2003）等手段，可以不断改良资产的管理模式，并以积极的方式预防财政舞弊的发生。与此同时，各国政府逐步认识到了制定科学、公开透明的国有资产管理绩效评估体系的重要性，并将其作为决策的重要依据。这种转变也得益于大数据、云计算等先进技术的发展和应用。张辉（2018）的研究即为此提供了佐证，他深入探讨了这些技术如何被融入国有资产的绩效管理之中。

　　因此，依托资产云平台能提供对资产使用单位的综合资产绩效量化评估能力、服务领导层资产配置管理审批决策、服务使用单位资产采购决策业务管控。具体做法如下：一是打造资产管理绩效评价体系（见图6-9），实现财政支出透明。在国家大数据战略下，通过资产云平台，将资产档案进行多维度数据分析，分类评价资产使用绩效，实施全过程绩效跟踪问效，促进资产应用绩效评价、所属部门行政绩效评价和财政资金绩效评价有机融合，打造资产全面管理绩效评价体系。同时，及时动态更新资产信息，使权力在阳光下运行，有效预防和遏制资产采购、使用等过程中的腐败行为，实现财政支出透明。二是提升财政预算上报和审批的数据决策支撑能力，构建清廉政府。用大数据工具实现了对财政预算决策的数据支持。通过大数据工具的多维度分析计算，实现"所算即所见，所见即所得"，用可视化智能报表方式呈现给决策者，管理者见到的数据报表既是电子报表，也是资产资源实际分布状态。结合资产申报单位的资产使用绩效和资产实物绩效，为资产使用单位提供预算上报数据支撑，同时也为资产管理单位提供预算审批依据。

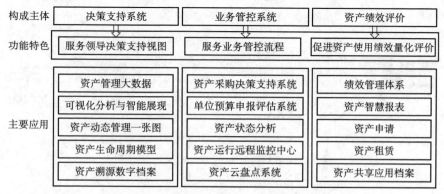

图6-9　资产管理动态管理与绩效评价体系

具体实现路径：

（1）通过对已有资产和新购入资产进行综合大数据索引和匹配分析，对资产生命周期、运维状态、使用频次、使用时长和报废折旧等多源异构关键数据拟合与建模分析，采用大数据分析工具，提供对低值易耗品、高值资产和重要资产分类采购决策的支持模型（见图6-10）。

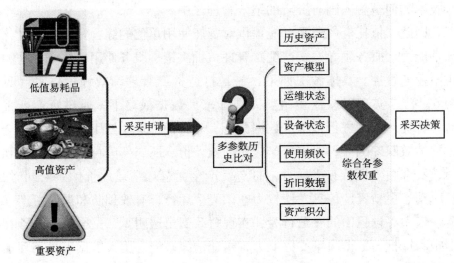

图6-10 资产采购决策支持模型

（2）构建基于资产绩效量化评价与预算管理的资产配置管理联动模型（见图6-11），实施从资产使用效率、财政厅合同执行、科研设

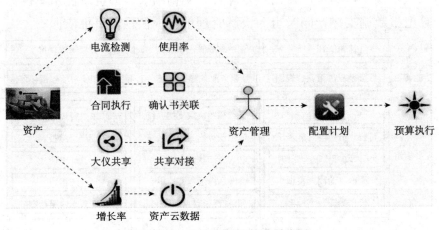

图6-11 资产配置管理联动模型

施与仪器开放共享、资产各类增长率等多方面建模分析路径，为管理者提供配置计划制动数据依据，最后联动预算执行，建立购置仪器的约束机制，对闲置浪费严重科研设施与仪器按照相关规定无偿划拨，提升财政预算上报和审批的数据决策支撑能力。

第三节　浙江省搭建资产云2.0平台

1. 浙江省资产云2.0平台建设动因、建设思路与功能特点

（1）建设动因。浙江省"资产云1.0"项目于2018年成功上线，这是一个前所未有的尝试，意在将分散在浙江省内各个市县的近百个孤立的资产信息系统整合为一个全面、高效的云平台。该项目的上线为全省资产管理提供了一个互联互通、业务协同和资源共享的平台。据统计，全省有超过25 000家行政事业单位的国有资产监管业务全部通过这个资产云平台进行处理。这不仅提高了业务处理效率，还为省内行政事业单位节省了大量的硬件资源和运维成本。然而，成功的背后也隐藏着一些问题。尽管"资产云1.0"有显著益处，但随之而来的是软件公司与用户间的一些利益冲突。定制软件公司在市场中的地位有时"一家独大"，导致了业务锁定和更新迭代的困难。这种模式不仅限制了平台的发展潜力，还可能影响到平台的长期健康运营。为了应对这些挑战，浙江省在"资产云1.0"的成功经验基础上，积极提出了"资产云2.0"方案。这个新版本旨在解决前一版本中存在的问题，进一步优化云平台性能，并为用户提供更多功能和更好的服务。此外，"资产云2.0"还计划引入更多的第三方开发者和服务提供商，以打破当前的业务锁定模式，鼓励技术和业务的创新，确保平台能够持续、健康地发展。

（2）建设思路。资产云2.0系统的设计考虑了现代企业和政府部门在资产管理过程中所面临的各种复杂情境。在数字化改革的大背景下，将预算一体化与资产管理系统结合起来，旨在达到资源最优化、管

理高效化。2.0 系统利用云原生技术进行的迭代升级，确保了系统的高可用性、弹性伸缩和快速恢复。这种技术应用不仅提高了系统稳定性，还为快速开发和部署新功能提供了可能，确保系统能够随着时间的推移继续适应不断变化的业务需求。并且，通过将其拆分为资产云应用管理平台和多种资产业务应用，2.0 系统旨在满足不同用户的特定需求。资产云应用管理平台作为核心，为用户提供了一个集中化的资产管理界面，从而使用户可以方便地进行资产监控、内控和管理，而各类资产业务应用则针对特定的业务场景进行优化，如资产采购、维护、调拨和报废等。这种模块化的设计思路确保了系统既能满足统一的规范要求，也能为各种不同的资产业务场景提供个性化的解决方案。例如，资产监管模块可以为政府和大型企业提供强大的监管工具，确保资产的合规性和安全性，而资产管理应用则可以帮助企业更高效地管理其资产，提高使用效率并降低总体拥有成本。

（3）功能特点。

①开放共享。资产云 2.0 系统的设计和实施标志着政府资产管理策略的重大转变。该系统融合了先进的云原生技术，构建了一个统一、高度集成的资产管理环境，它致力于提高数据的透明度、流动性和应用价值。借助此平台，政府成功协调了多元资源，实现了各方在技术、数据和业务流程方面的高度融合与协同。该平台的核心价值在于其开放、中立和公共属性，确保所有参与者在一个平等、公正的环境中获得必要的资源和服务。更为显著的是，资产云 2.0 与人大国有资产联网监督系统的深度整合，为国有资产的管理、监控和报告提供了一个完备的解决方案，确保了数据的及时性、准确性和完整性。这种创新的方法论为资产管理领域提供了一个新的研究方向，展示了数字化技术与现代管理理念之间的紧密结合所能产生的巨大价值。

②持续迭代。资产云 2.0 展现了政府主导与私有部门合作的数字资产管理模式，尤其突出了其持续迭代的功能。在此模式中，资产云开放协同创新中心作为一个核心枢纽，为各个资产业务应用开发者提供了一个联合研发、测试和部署的平台。这种合作模式不仅提高了应用技术质量，还确保了它们能更好地满足实际业务需求。持续迭代不仅是技术上

的更新和升级，更重要的是它能够实时响应用户的反馈和变化的市场环境。在资产云2.0中，一旦某个应用出现不符合既定规范或用户需求的情况时，省财政厅便会介入，并对其进行严格评估。此举不仅确保了应用的合规性和质量，还强化了对开发者的责任和要求。然而，持续迭代的功能并非孤立存在，而是与资产云2.0的整体架构和策略紧密相连。每次的迭代都是基于对当前环境的深入分析和对未来发展趋势的预测，确保资产云始终走在行业前沿，为用户提供最优质、最先进的服务。更为关键的是，持续迭代不仅是资产云2.0的一项核心功能，也是其成功的关键因素。通过不断更新和优化，资产云2.0能够与时俱进，满足不断变化的业务环境和用户需求，从而确保其在数字资产管理领域的领先地位。

③全时在线。全时在线作为现代数字化时代的一大特征，正在为政府资产管理领域带来深刻的变革。对于资产云1.0而言，受限于政务专网的部署范围，导致其应用的空间和时间局限性相对明显。这在实际操作中可能引致某种程度的效率损失，尤其是当考虑到政务工作的动态性和非中心化的工作需求。与此对比，资产云2.0的设计和实施显著拓展了应用范围，跨越了传统网络界限。通过实现在政务专网和互联网的双重登录功能，确保了在多种网络环境下的可访问性。这种技术进步不仅反映了对现代云技术的深入利用，也揭示了对公务工作流程和需求的深刻理解。特别是对于事业单位的教育机构如中小学和高等教育机构，这种全时在线的功能极大地优化了资产管理过程。因为这些机构的季节性工作模式，资产云2.0为其提供了在非常规工作时间和地点下进行资产管理的能力，从而确保了业务连续性和流程完整性。

2. 资产云2.0平台动态监管的实施成效与应用场景

（1）实施成效。资产云2.0平台的推出，标志着浙江省在资产管理领域达到了一个新的高度。与1.0版本相比，2.0不仅只是对现有系统的优化，更是在整合和功能上实现了质的飞跃。这一升级消除了过去各个系统之间由于技术和管理问题造成的数据壁垒，确保了信息的无缝传递和高效利用。其中，与采购系统和财务系统的深度融合是其核心之一。在采购环节，平台能够自动核对预算、生成订单，并跟踪采购进度，确保每一笔资金的合理使用。而在财务管理方面，平台为财务部门提供了一套完整的资产流转追踪和审计工具，大大提高了审批的准确性和效率。

动态监管是资产云2.0的另一个重要成效。它能够实时监控资产的状态和位置，确保每一项资产都在其应有的位置，且按照规定的要求使用，避免了资产闲置和滥用。这种实时监控不仅减少了人为操作的失误，还为资产管理提供了一个透明、可追溯的环境。最为重要的是，该平台实现了从采购到报废的全流程管理。每一项资产都有一个唯一的标识码，从而实现了资产识别的唯一性和资产管理数字化。这意味着，无论资产在哪个环节，都可以通过这个标识码追踪其状态和位置，大大简化了资产管理工作，并提高了管理的准确性和效率。

（2）应用场景。在数字化改革的浪潮中，杭州市西湖区迅速回应并深化资产管理的实践探索，其独特的"资产云管家"场景创新性地将颜色编码引入绩效管理，为国有资产的综合健康状况提供了生动而直观的动态展现。本节聚焦西湖区的资产管理改革，特别针对"资产云管家"在资产云2.0试点背景下的应用和绩效展开讨论。

应用场景1："资产云管家"试运行

在现代资产管理的数字化转型中，西湖区的"资产云管家"体系呈现出其对绩效评估的先进方法论。该体系首次于浙江省内部署，借助国有房产管理、办公资产使用和资产管理效能三重评价维度，为行政单位提供了一个科学、定量和可视化的评估工具。其核心在于该评估体系采用"三大维度、九个指标"的构架。这种定量化的方法，通过颜色代码（绿色、黄色和红色）提供即时的资产健康状态反馈，从而使得决策者能够迅速定位并调整其管理策略。

以西湖区特定直属部门为案例。该区资产管理部门在这九大指标上的表现为我们揭示了一个多维度、多层次的资产管理实践图景（见图6-12）。其中，一些指标，如房产的收益率与使用率呈现为绿色，表明该部门在资产利用与管理上的卓越之处。但与此同时，黄色和红色的标识在其他关键指标上亦揭示了当前存在的问题与待改进之处，如数据完整性、权证获取与资产盘点等。经过综合评估，该部门的资产管理绩效指数为6.9分，由此将其资产管理定位为亚健康的状态。这种数据驱动的评估结果不仅为管理者提供了策略方向，同时也强调了数据在现代资产管理决策中的核心地位。正如同西湖区财政局所强调的，这种基于数据的绩效评估机制将是推动行政单位持续优化与改进的关键工具。

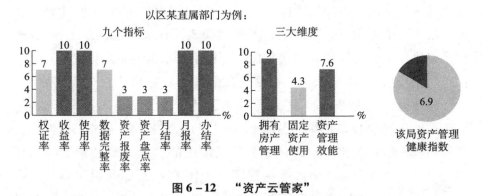

图6-12　"资产云管家"

应用场景2：实现生命周期一体化闭环管理

在当前浙江省数字化转型的广泛背景下，西湖区通过实施其尖端的"资产云管家"项目，展现了对于新兴技术应用的前瞻视角与实践能力。此项目是依托于浙江省财政厅资产云2.0系统，经过深入研究与探索而构建的。为了确保其适应性与准确性，该区资产管理采用了"V字模型"作为其核心构建应用的技术架构，通过这一模型，成功整合了五大核心系统，即资产云、预算一体化、"政采云"、财务云、网拍云，并确保了彼此之间的数据流动与信息交换实现无缝连接。

值得注意的是，西湖区不仅作为资产管理的创新实践者，而且已逐渐演变为全省行政事业单位线上资产管理全生命周期闭环管理方面的领跑者。此项管理流程的数字化并不仅是单纯的技术迁移，而是对整个国有资产管理体系的深度优化与再造，由此确保了国有资产的管理效率和准确性实现质的飞跃。

在2.0模式下，该区资产管理流程从原本的静态、线下流程转变为动态、在线的高速数据处理流程。传统的数据交换和沟通方式已被现代化的线上模式所取代，其中涉及的各种角色，如采购人员、财务人员及资产管理员，都在这种转型中受益，实现了更高的工作效率与准确性。"资产云管家"成功整合并提供了一系列综合性的功能，包括实物管理、价值管理和审批管理等，并已被西湖区近 400 家行政事业单位所采纳，覆盖 1 000 余名用户。此外，它每日的业务处理能力也达到了近千条，这在很大程度上得益于其高效的线上全生命周期一体化闭环管理系统。通过该系统，西湖区确保了资产从预算编制到核销的每一个环节都能在线上高效地完成，这种创新的管理模式不仅大大提高了工作效率，而且也优化了服务体验，为数字化转型提供了有力的案例佐证。

应用场景 3：建立资产"数字驾驶舱"

基于总值约为 172.45 亿元的西湖区行政事业单位国有资产规模，该区采纳先进的数字化策略，构建了"资产云管家"系统，以促进智慧化的资产策略制定和治理体系。该系统中的"数字驾驶舱"为决策者提供了一个综合性、多维度的视图（见图 6-13），集成了资产的存量、种类以及实时处置情况等关键指标。通过深入分析行政事业单位的固定资产，该系统能够详细展示包括但不限于资产总量、待报废量、已报废量以及文物、图书、档案等具体资产类别的数据信息。更为关键的是，该系统不仅作为一个被动的数据展示工具，还具备数据分析及解读能力。这种集成方法有利于数据资源的整合与开发，为决策层提供了精确、及时的数据支持，从而实现数据辅助的决策制定。在实用性方面，该系统经过精心设计，确保了其广泛的适用性和便捷性。通过"掌上办"和"网上办"等多种登录方式，资产管理工作人员大幅缩短了办理业务的周期至原周期时长的 50%。这种即时、多渠道的操作方式提高了工作效率，为基层工作人员提供了实质性的便利。

同时，杭州市财政系统采纳的"资产云管家"项目也已成为重要的数字化创新代表。这一系统不仅受到了财政部门和各级政府改革机构的高度关注，而且被多个权威媒体和专业机构认可与推广。这一成果在杭州日报的头版报道和他们在数字化改革大赛中荣获的"改革突破奖"也进一步印证了这种模式在地方财政数字化改革中的重要和先进性。从技术和管理的角度分析，"资产云管家"采纳了与预算、政采、财务、网拍等多个系统的综合互联技术，形成了一个完整且高效的数据生态。

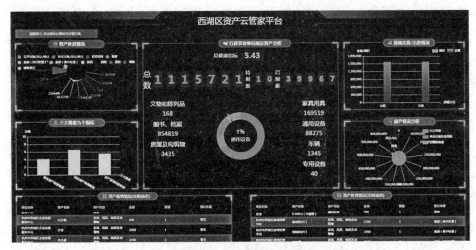

图 6 - 13　资产数字驾驶舱

此结构避免了系统建设中的重复与冗余，从而极大节约了公共资源。这种技术与管理的协同创新不仅对提高行政工作效率有积极影响，而且响应了政府节约资源和严格治理的政策导向。同时，"资产云管家"的成功实践为地方财政数字化改革也提供了一个有效的范例，它代表了数字技术与现代管理理念相结合的前沿实践，对于推动全国范围内的财政系统改革具有重要的参考价值。

第四节　浙江省搭建资产云 3.0 平台

自 2018 年资产云 1.0 平台推出以来，它已经在全省范围内首次实现了资产信息系统整合，将近百个资产信息管理系统整合为一个互联互通、业务协同、资源共享的云平台。这项卓越的工作不仅贯通了全省 25 000 多家行政事业单位的国有资产监管业务，从根本上消除了信息孤岛现象，还显著减少了软硬件资源投入和运维成本，大幅提升了管理效益。到 2021 年，资产云系统升级进入 2.0 版本，由此开启了资产管理数字化改革的新篇章。这一版本按照共建共享的原则构建，确立了统一的应用设计规范、数据共享标准、业务管理标准和安全运维标准，有效地消除了以往存在的技术和数据障碍。而目前推出的浙江省资产云3.0平台将进一步加强这种整合。该平台融合了区块链等先进技术，深度推进国有资产的共享和流转，推动国有资产管理工作向高质量、高效率和低成本的管理方向发展。这种数字化改革策略将确保国有资产管理更为智能化，不仅提高了监管效率，使相关风险更为可控，而且大大夯实了数字财政的清廉高效管理效能。

1. 浙江省搭建资产云3.0平台的建设动因与核心模块

为深入贯彻落实政府过紧日子要求，最大限度发挥行政事业性国有资产效能，2023年2月，浙江省财政厅印发《关于进一步盘活行政事业性国有资产的通知》，在前期低效无效资产处置工作基础上，积极推进全省行政事业性国有资产盘活工作，能盘尽盘，确保实效。因此，全省资产管理平台在资产云2.0的基础上着手升级建设资产云3.0平台。

（1）建设动因。

①响应数字化时代的变革。在当代数字化技术进步的驱动下，全球正经历一场前所未有的技术变革。尤其是大数据、云计算和人工智能等先进技术，已逐步对各行业及领域内部运营机制和外部服务模式产生深远影响的力量。这种技术创新推动了一个普遍的趋势，即数字化转型。它不仅代表着技术的演进，还反映了现代组织对提高效率、增强透明度和满足实时需求的迫切诉求。在此背景下，资产管理作为经济活动的核心组成部分，亦面临着转型的压力。传统的资产管理策略和方法，如依赖于人工流程、分散的数据存储和纸质记录，已经日渐显示出其局限性。数字化的资产管理不仅意味着更高的操作效率和成本节约，还涉及资产的全生命周期管理、动态优化和风险预警等复杂功能的实现。此外，新兴技术如区块链和人工智能在资产管理中的应用，预示着未来资产交易的去中心化和资产维护的预测性特点。

②提高管理效率。浙江省资产云平台自初始版本发布以来，已经展现了对这一现代管理理念的深刻理解和应用。前两个版本，即1.0和2.0，通过整合分散的资产信息系统，成功地打破了信息孤岛的障碍，

使得各级行政事业单位能够在一个统一的平台上实现资产信息的交换和共享。这种整合策略不仅减少了冗余信息处理工作，还增强了数据的准确性和实时性，从而显著提高了资产管理的效率和准确性。然而，资产流通和共享在实际操作中仍然面临着众多挑战，特别是在数据安全、真实性验证和多方参与的情境下。为了解决这些问题，资产云3.0引入了区块链技术。区块链作为一种分布式账本技术，提供了一个不可篡改、全程可追溯的数据存储和传输机制。这使得资产交易和共享过程更为透明、安全和高效，大幅减少了因数据篡改、伪造或冲突所带来的潜在风险。

③确保资产安全和风险可控。在当今的数字化经济格局中，资产安全与风险管理已逐渐成为企业和公共部门决策的核心内容。信息技术和网络的高速发展，虽然为组织带来了巨大的便利，但同时也带来了前所未有的安全威胁和风险。尤其在国有资产管理领域，任何由于技术或管理缺陷导致的资产损失，都可能带来重大的经济和社会影响。资产云3.0平台正是基于这样的背景应时而生。首先，该平台通过采纳先进的加密算法和安全协议，确保了数据在传输和存储过程中的安全性。任何未经授权的数据访问或篡改尝试都将被有效阻止。此外，通过引入双重身份验证、访问控制列表和其他身份管理机制，资产云3.0进一步加强了对敏感资产数据的保护。其次，区块链技术的引入，为资产管理带来了新的安全和透明度标准。每一笔资产交易都会被记录在一个公共、不可更改的分布式账本上，这不仅提高了数据的真实性和可追溯性，而且显著降低了欺诈和篡改的可能性。此外，资产云3.0还设有专门的风险管理模块，它能够对各种潜在风险进行实时监测和预警，从而确保行政事业单位能够及时采取应对措施，避免或减轻资产损失。综上所述，资产云3.0平台在技术和管理两个层面上，为国有资产提供了全方位的安全防护和风险控制，充分体现了在数字化时代对资产安全和风险管理的高度重视和前瞻性布局。

（2）核心模块。

①预算管理一体化系统。资产云3.0中的这一创新模块代表了公共资产管理的现代化思路。在传统管理模式下，资产管理和预算管理通常

是两个独立运作的部分，可能导致资源的不完整利用、预算的盲目性和效率低下。但在资产云 3.0 的框架下，这两大核心功能实现了高度的整合。这种一体化设计的背后逻辑在于，任何预算的制定与执行都与现有资产的状态和预期变化紧密相关。只有当一个单位清晰、实时地了解其持有的资产动态，包括资产价值、使用状况、维护和更新需求等，它才能制定出真正切合实际的预算。此外，当资产状态发生变化时，如资产的损耗、升值或其他形式的转移，都会对预算产生影响，这种一体化的系统可以确保预算随时与资产状态同步更新。此外，预算管理一体化系统还能带来诸多附加价值。它不仅能提高行政事业单位的决策效率，减少因信息不对称导致的资源浪费，还有助于提高公开透明度，增强公众对预算决策和执行的监督和参与。总体而言，通过将资产和预算管理紧密结合，资产云 3.0 不仅将确保预算的合理性和有效性，还将进一步提高公共资源管理的全面性和精确性。

②"大仪共享"平台。在现代研究和产业背景下，大型仪器设备不仅代表了巨大的投资，更是科研、生产和发展的关键支撑。然而，由于多个不同单位或部门独立购买决策和管理运用，经常导致大额设备的冗余和闲置，同时，跨领域或跨单位的科研合作也无法进行。而资产云 3.0 通过"大仪共享"平台模块，积极应对了这一挑战。此模块设计的目的在于创建一个中心化的大型仪器设备管理和预约系统。它能够实时地展示设备的使用状态、技术参数和预约情况，并允许各单位或研究者跨界访问和申请使用。这种集中管理的方式不仅避免了不必要的设备购买，更实现了资源的最大化利用。尤为重要的是，"大仪共享"平台还有助于推动学科交叉和合作研究。当研究者能够方便地访问和使用其他领域或单位的设备，他们更有可能开展新的、创新的研究项目。最后，该平台还为行政管理部门提供了全景式的设备使用和需求视图，使其能够更为精准地进行设备购买和维护决策。

③职务科技成果转化"安心屋"应用。随着科技的飞速进步和创新，行政事业单位持续产出大量的科技成果。然而，要将这些成果转化为广大公众能够感知和受益的实际应用，仍然面临诸多挑战。为了跨越这一鸿沟，资产云 3.0 通过其"安心屋"模块，为科技成果的转化提

供了一个系统化、标准化的平台。首先，"安心屋"强调了科技应用的"安心"原则，即所有的科技应用都应该经过严格的验证和审查，确保其安全性、可靠性和有效性，从而赢得公众的信任。这不仅涉及技术的本身，还包括应用背后的伦理、法规和社会责任。其次，该模块提供了一个完整的工作流程，从科技成果的初步筛选、评估、转化策略的制定，到实际应用的开发、测试、推广和反馈收集，能确保每一个步骤都经过严格控制，确保转化的质量和效果。最后，通过与其他模块的深度整合，例如"大仪共享"和预算管理一体化系统，"安心屋"还能够提供丰富的资源和支持，促进科技成果转化的速度和广度。这不仅有助于提高行政事业单位的创新效益，更有助于增强公众对技术和创新的信任，为社会持续发展创造更多价值。

④共享共用模块。数字化时代，资源共享和效率优化已经成为公共管理的核心要求。资产云3.0中的共享共用模块着眼于文体设施、软件资产和数据资产的共享，旨在构建一个集中、高效和透明的资源管理平台。从该模块的具体内容和意义而言：首先是文体设施共享。许多行政事业单位都有自己的文体设施，如体育馆、图书馆或会议室。但这些设施并不总是得到充分使用。通过共享共用模块，可以为其他单位或公众提供这些设施的预订和使用服务，从而大大提高其使用率，同时也给更多其他使用者提供方便。其次是软件资产共享。软件购买和维护需要大量的资金投入。通过建立一个统一的软件资产库，行政事业单位可以共享购买的软件和应用程序，减少重复购买和开发，节省资金，同时还可以借鉴其他单位在软件应用上的成功经验，提高工作效率。再次是数据资产共享。数据是现代社会的新型资源。不同的行政事业单位拥有大量的不同类型、不同性质的数据，但缺乏有效的分析和应用。而共享共用模块提供了一个平台，使各单位可以分享自己的数据，并从其他单位获得所需的数据，从而促进跨部门的数据协同分析和决策。在资源优化与监管方面。共享共用不仅是资源的共享，更重要的是对资源的优化配置和有效监管。该模块能为资源使用提供实时监控、预约管理、使用反馈等功能，确保资源得到合理、高效和安全的使用。最后是推动绿色和可持续管理，避免资源的重复购买和浪费，这不仅可以节省成本，还可以

减少环境负担，最终推动行政事业单位走向更加绿色和可持续发展的路径。

2. 实践成效与应用场景

近年来，数字化改革在全球范围内以一种无法阻挡的趋势影响着各个领域的发展。与此同时，国有资产监管也面临着从传统模式向数字化、智能化转型的压力和机遇。在这一背景下，《浙江金华首推户外资产云上监管》的报道再次证明了资产云 3.0 平台在国有资产监管中的应用潜力和价值。

（1）实践成效。随着 1.0 和 2.0 平台的应用推广，国有资产的室内资产管理已日渐规范成熟，但户外资产管理仍处于起步阶段。与室内资产相比，户外资产的管理相对复杂且更难规范。2023 年，金华市财政局针对这一现实挑战，在高速交警部门展开了一次富有创意的试点——构建户外资产管理平台。从宏观层面看，室内资产管理的成功在很大程度上得益于其清晰的属性和属性边界、相对稳定的使用环境以及长期累积的管理经验。而户外资产，由于其特殊性（如受到多种不可控因素的影响），长期以来缺乏一个统一、系统性的管理平台。因此，针对户外资产构建一个管理平台，旨在为其生命周期内的各个阶段提供全方位的监控和管理，显得尤为重要。

金华市财政局的这一创新性探索，通过构建户外资产管理平台，并采用数字化手段实现全生命周期的资产监管，为资产管理研究提供了一个全新的视角。这一平台的实施不仅标志着对传统资产管理方法的升级，更意味着在数字化背景下，公共资产管理将向着更加智能、精准和高效的方向发展。从微观层面看，该管理平台的建立，能够为决策者提供更为准确、实时的数据支持。这不仅有助于提高资产利用效率，还能为相关部门提供更为合理的资产配置建议。例如，高速交警部门可以根据该平台提供的实时数据，对其所管理的资产进行更为合理的调度和使用，从而提高公共服务水平。此外，这种数字化的资产管理平台也有助于加强各部门之间的信息共享和协同工作。这不仅可以避免资源的重复投入，更能确保在复杂的户外环境中，各类资产得到最优的管理和利用。

（2）应用场景。

应用场景1：为户外资产赋予"数字身份"。在现代资产管理领域，对资产进行数字化标识已成为一个主要的研究方向。尤其在公共资产管理的背景下，如何确保分布广泛、容易受损的户外资产得到高效、持续的监督与维护，已经变得至关重要。为此，金华市财政局采纳了一种独特的策略，即"一物一卡、一码一芯"，为户外资产创建了唯一的"数字身份证"。这一战略的推进，不仅为资产管理领域提供了一种新的解决方案，也为其他行政单位在同类问题上提供了可借鉴的经验。首先，考虑到户外资产的独特性质——其分布广泛、易受外部因素损害并且难以实时监测，为其注入数字属性变得尤为关键。通过数字化手段，资产的实时状态、位置及其可能的损耗状况可以被及时掌握，为后续的维护和保养提供了数据支撑。其次，"一物一卡、一码一芯"策略的实施确保了资产具备独特且可追溯的身份。这种身份不仅包括其物理特性，还融入了与其相关的财务、维保信息，从而为综合管理提供了坚实的数据基础。进一步而言，该策略实现的全链条管理模式具有明显的连续性和完整性，从而确保资产在其整个生命周期中得到恰当的管理与维护。

应用场景2："无感盘点"。在公共资产管理的研究中，实时、高效和安全的盘点机制逐渐被视为优化管理流程的核心要素。金华市财政局正针对这一研究方向，展开了一系列创新措施，特别是面向户外资产的管理，对传统盘点模式进行了深入的反思和技术性突破。其首创的"无感盘点"策略，采用RFID物联网技术，标志着公共资产管理向数字化、自动化的方向迈进。与传统的盘点方法相比，该策略突破了时间和空间的限制，能够实现资产信息的快速、准确收集和验证。这种技术驱动的管理策略对于大量、分散的户外资产来说，具有显著的实用价值，其效益主要体现在：第一，提高效率。如高速交警部门所示，盘点周期从数月缩短到数日，这在传统的盘点模式下是难以想象的。第二，数据驱动的决策支持。该系统不仅是一个盘点工具，它还可以为决策者提供资产优化配置的策略建议，进而实现资产的科学调配和管理。此外，随着技术的迭代和实践经验的积累，RFID物联网技术在公共资产管理中的应用有望进一步拓展。因此，金华市财政局的创新实践不仅为本地区提供了一个全新的管理模式，并且其所积累的经验对于广大的学术研究和实践领域都具有借鉴意义。

第五节　资产云平台建设的探索意义与启示

1. 浙江政府数字化转型和数字政府建设的新实践

资产云管理平台可视为浙江政府在公共行政领域数字化转型的一次策略性部署，揭示了该政府对于科技与行政管理融合的远见卓识。在当前全球范围内日益强调数字化、智能化公共治理背景下，资产云平台为行政效率提升和透明度增强提供了创新途径。浙江省"最多跑一次"政务创新管理，从本质上反映了其对于行政流程优化和效能增强的追求。它通过资产数据协同，为行政流程提供了数据支持，从而实现了流程再造，进而降低了行政成本，加速了办事效率。此外，财政预算管理制度在公共行政领域一直是重要的治理对象。资产云管理平台为此制度的公开性和透明性提供了技术保障。通过这一平台，国有资产的所有财务活动都被精确记录和管理，从而确保了资产的安全和合规性，同时也增强了公众的信任度。在长期治理策略方面，资产云管理平台采用了先进技术来构建一个"不敢腐、不能腐、不想腐"的机制，强调了预防性和整体性的管理思维。这种思维与现代公共管理学的理念不谋而合，强调了风险防范和治理创新的重要性。从绩效管理的角度看，资产云管理平台提供了一个动态的、科学的评价机制。通过这种机制，浙江政府能够对国有资产管理的效能进行持续性评估，确保政策与实践的有效结合。

2. 云原生时代的国有资产管理数字化转型的新模式

在数字化并网络化交织的现代环境中，资产云平台凸显出其系统性和创新性的价值。该平台精准地把握了物体唯一数字身份标识的核心逻辑，并巧妙综合了多维管理需求的视角与分类框架。这不仅表现为对物质资产的深度管理，更反映了对信息、资源、和知识资本的整合能力。国有资产作为国家的核心资本，其管理模式、效益和透明化程度都深刻地影响到国家治理体系的健全与现代化。在预算、财政与财务之间的关系日趋紧密的背景下，寻求一种业务与财务完美融合，并确保财务为业务和政策形态提供全面服务的模式，已经成为管理学与政策学的前沿议题。资产云平台，作为一个响应此挑战的策略，通过纯云服务模式，成功地诠释了云原生时代的资产管理模式。同时，随着物联网与地理信息技术的兴起，如何将其与资产管理紧密结合，推进管理的数字化与智能化，也显得尤为迫切。资产云平台在此方面进行了有力的探索和实践，构建了一个具有广泛适应性、高效率、透明的资产管理新框架。

3. 共享共建、催化创新，促进共赢的资产管理变革

在当代的资讯科技浪潮中，资产云管理平台代表了一种学术和实践上的资产管理模式革新。此平台融合了互联网、云计算、大数据及物联网的先进技术，意在对传统分散、独立的资产信息系统进行统一与整合，创设了一个互联、协同与共享的资产信息生态。首先，该模式的推广标志着资产管理从手工、纸质、零散式进阶至全生命周期的数字化管理。这种进阶不仅简化了流程、降低了人力资源成本，而且提供了数据的精确度与即时性，进而显著提高了资产管理的效率和准确性。其次，结合 NB 物联网等前沿技术，平台为资产的实时、动态监控提供了强大的技术支持。这种动态监控模式有助于实时获取资产状态，为决策者提供实时、准确的数据支撑，从而使其更好地调整管理策略，以适应外部环境的变化。此外，平台亦为资产管理注入了共享经济的理念。通过构建资产利用率与资产共享的综合评价机制，促进了资产的合理、高效利用，从而为各参与方带来共赢的价值。

4. 人才培养、科研创作和社会服务一体的新实践

资产云平台的开发、运行和深化的整个过程，聚集了国有资产管理相关职能部门、资产云应用单位、高校和科学研究机构、行业协会、软

件公司、第三方服务等多方参与，是一次大规模的开放协作。同时，以开源促进开放，不重复建设，大幅降低协同成本，持续改进云服务效率，不断提高资产绩效。在此基础上，整合国有、公共、社会等各方面资产和资源，赋能协同单位，孵化创新团队；培育高效云原生服务新模式，支撑持续业务演化和变化，推动国有资产管理数字化转型，构建人才培养、科研创作和社会服务一体的发展模式。

5. 营造市场生态，回归用户驱动的新趋势

资产云管理系统基于政府出面搭建一个公共平台，并且营造一种良好的市场生态的出发点，借由政府主推构建的资产云管理 App，采用市场购买服务模式，由市场按需购买，让市场在资源配置中发挥关键性作用，同时，通过用户需求驱动软件创新，形成用户和软件之间良好的驱动，推动软件的不断更新、节约信息化建设资金。

展望未来，浙江作为全国数字政府转型的领头羊，资产云平台自2018 年 1 月上线以来便得到了全省的积极推广和应用。2018 年 7 月，浙江省本级行政事业单位资产管理"上云"。截至 2019 年，浙江省已经完成全省行政事业单位资产管理全部"上云"，信息系统整合目标基本完成。经过不断的探索和改进，浙江省的资产云 2.0 平台和资产云3.0 平台也分别在 2021 年和 2023 年得以启动，为资产管理数字化改革探索着新的模式。未来，浙江省将依托云平台信息技术，进一步推动包括事业单位在内的国有资产监督管理水平提升，理顺管理体制，完善制度体系，加强源头管控以防范国有资产流失，并加强国有资产管理效能的提升。当然，资产云平台的搭建也是一个系统工程，可以预见，随着系统的进一步推广应用以及浙江数字政府建设实践的进行，作为一个开源、开放、共享的管理平台也将随着管理实践和应用目标而不断完善。资产管理，尤其是国有资产的数字资产管理作为数字财政乃至数字中国建设中的重要的一环，将在全国范围内实现从 1 到 N 的资产监管可复制、可推广的经验，实践以"小切口"推动"大变革"以及政府治理效能持续提升。

参考文献

[1] 连家明. 大数据时代财政信息化建设回顾与前瞻 [J]. 地方财政研究，2017（12）：21 – 25.

[2] 马洪范. 大数据时代的财政治理 [J]. 地方财政研究，2017（12）：4 – 9 + 14.

[3] 刘尚希，孙静，王亚军. 大数据思维在纳税评估选案建模中的应用 [J]. 税务研究，2015（10）：7 – 11.

[4] 唐长乐，王春迎. 基于政务云数据中心的政府数据开放共享服务集成平台研究 [J]. 情报资料工作，2017（5）：13 – 19.

[5] 裴文华，成维一. 大数据环境下财政审计数据分析研究 [J]. 审计研究，2017（3）：53 – 58.

[6] 任涛鹏. 大数据背景下的财政管理流程信息化再造 [J]. 财会研究，2017（4）：14 – 17.

[7] 胡扬. 大数据时代财政监督信息化建设面临的问题及对策 [J]. 财会月刊，2018（1）：168 – 170.

[8] 毕瑞祥. 基于大数据的大财政系统建设研究 [J]. 地方财政研究，2017（12）：15 – 20.

[9] 赵术高，李珍. 大数据背景下的财政管理与监督流程信息化再造 [J]. 中国财政，2015（8）：45 – 47.

[10] 杨建强，任卫德. IRP 的基础工作——数据标准化体系建设 [J]. 内蒙古科技与经济，2007（7）：90 – 91 + 93.

[11] 谢易和，许家瑜，许航敏. 数字财政：地方实践、理论辨析及转型思考 [J]. 地方财政研究，2021（4）：14 – 21.

[12] 赵斌，陈成天，孙倩. 数字财政：转型制约因素与全面数字化对策 [J]. 地方财政研究，2020（10）：4 – 11.

[13] 王志刚，赵斌. 数字财政助推国家治理现代化 [J]. 北京大

学学报（哲学社会科学版），2020，57（3）：150-158.

　　［14］张馨．财政监督的变革是深化公共财政改革的基础性条件［J］．财政监督，2009（13）：21-22.

　　［15］高培勇．对财政监督的几点认识［J］．财政监督，2009（13）：10-11.

　　［16］吴一平．财政分权、腐败与治理［J］．经济学（季刊），2008（3）：1045-1060.

　　［17］黄溶冰，赵谦．财政分权、审计监督与反腐败成效——来自中国2002～2011年的经验证据［J］．中南财经政法大学学报，2015（6）：19-25+159.

　　［18］寇铁军，胡望舒．财税法制建设与反腐败成效：基于中国省域面板数据的研究［J］．财政研究，2016（11）：19-30.

　　［19］魏志华，林亚清，周雄．财政透明度问题研究进展［J］．经济学动态，2017（3）：136-149.

　　［20］高培勇，于树一．预防腐败的财政措施及国际经验［J］．中国社会科学院研究生院学报，2011（1）：44-50.

　　［21］马海涛．完善财政监督体系的若干思考［J］．中央财经大学学报，2009（10）：73-78.

　　［22］刘朔涛．财政法治的反腐败效应研究——基于省级面板数据的实证分析［J］．财政监督，2017（10）：16-24.

　　［23］倪星，刘霏．政府规模、财政分权、官员特质与地区清廉水平——基于333个地级市数据的定量分析［J］．江汉论坛，2020（10）：39-45.

　　［24］石玉玲．财政监督的新逻辑：从合规性转向功能性［J］．地方财政研究，2021（3）：35-41+50.

　　［25］李慈强．公共财政视角下纳税人财政监督权的确立与实现路径［J］．北京行政学院学报，2021（5）：18-26.

　　［26］邓辉，朱丘祥．国家治理背景下我国财政监督法治化的模式改进及其实践路径［J］．当代财经，2022（3）：28-39.

　　［27］徐京平，宋歌．数字人民币赋能财政监督：从合规性走向功

能性［J］. 地方财政研究，2022（3）：25 – 34 + 75.

［28］雷俊生. 预算监督中的审计与财政协同机制研究［J］. 社会科学，2021（8）：68 – 79.

［29］周长城，王妙. 共同富裕背景下公共服务与现代财政金融制度——基于公众清廉感知的微观视角［J］. 金融经济学研究，2022，37（1）：150 – 168.

［30］毛志方，陈守东，孙彦林. 政府清廉、财政政策与经济增长［J］. 财经理论与实践，2019，40（1）：118 – 122.

［31］陈金星. 构建现代财政制度的实现路径［J］. 税收经济研究，2015，20（6）：83 – 91.

［32］贾康. 关于财政监督问题的探讨［J］. 经济纵横，2007（2x）：2 – 5.

［33］马海涛. 完善财政监督体系的若干思考［J］. 中央财经大学学报，2009（10）.

［34］张明. 十八大以来财政监督回顾与展望［J］. 财政监督，2017（1）：10 – 14.

［35］孙琳，方爱丽. 财政透明度、政府会计制度和政府绩效改善——基于48个国家的数据分析［J］. 财贸经济，2013（6）：22 – 32.

［36］魏志华，林亚清，周雄. 财政透明度问题研究进展［J］. 经济学动态，2017（3）：136 – 149.

［37］肖鹏，刘炳辰，王刚. 财政透明度的提升缩小了政府性债务规模吗？——来自中国29个省份的证据［J］. 中央财经大学学报，2015（8）：18 – 26.

［38］李丹，裴育. 财政透明度对财政资金配置效率的影响研究［J］. 财经研究，2016，42（2）：40 – 49.

［39］赫尔曼·哈肯. 协同学：大自然构成的奥秘［M］. 凌复华译. 上海：上海译文出版社，2013.

［40］白列湖. 协同论与管理协同理论［J］. 甘肃社会科学，2007（5）.

［41］解学梅，刘丝雨. 协同创新模式对协同效应与创新绩效的影

响机理［J］．管理科学，2015（3）．

［42］白俊红，蒋伏心．协同创新、空间关联与区域创新绩效［J］．经济研究，2015（7）．

［43］王光远等译．内部审计思想［M］．北京：中国时代经济出版社，2006．

［44］蔡春，车宣呈，陈孝．现代审计功能拓展论［M］．北京：中国时代经济出版社，2006．

［45］Sawyer L B，Dittenhofer M A，Scheiner J H．内部审计——现代内部审计实务［M］．5版．邰先宇，卢其顺，等译，北京：中国财政经济出版社，2005．

［46］和秀星，潘虹，赵青．国家审计对内部审计资源的利用和风险防范——基于国际视野的经验数据［J］．审计与经济研究，2015，30（5）：24－31．

［47］李璐．美国财政资金的协同审计监督研究：以 ARRA 法案资金为例［J］．财政研究，2013（9）．

［48］王会金．政府审计协同治理的研究态势、理论基础与模式构建——基于国家治理框架视角［J］．审计与经济研究，2016，31（6）：3－11．

［49］石小雄．新昌县审计局探索国家审计与内部审计联动审计新机制［J］．中国内部审计，2014（2）：103．

［50］王瑾娟，梁和平．孝感市审计局：五项措施实现国家审计与内部审计联动［J］．中国内部审计，2012（12）：94－95．

［51］无锡市审计局课题组．创新审计管理整合资源协同开展审计全覆盖［DB/CD］．http：//www.jssj.gov.cn/art/2017/03/31/art_461_200561.html？tqzsha=jt26o3．

［52］单以琪．对构建审计整改协同机制的几点认识和看法［DB/CD］．http：//www.audit.gov.cn/n6/n41/c75948/content.html．

［53］丛秋实，黄作明，张金城．协同国家审计的实现路径研究：基于云审计［J］．当代财经，2014（10）：120－129．

［54］魏祥健．云平台架构下的协同审计模式研究［J］．审计研

究，2014（6）：29 – 35.

［55］梁素萍．我国国家审计与内部审计关系的演进与完善［J］．会计之友，2013（7）：88 – 92.

［56］刘伟．借力内部审计实现审计全覆盖［J］．中国内部审计，2016（4）：37 – 38.

［57］毛绮，张雪楠．浅议审计协同实践框架的构建［J］．审计研究，2007（6）：31 – 34.

［58］秦荣生．云计算的发展及其对会计、审计的挑战［J］．当代财经，2013（1）：111 – 117.

［59］任庆明．积极发挥内部审计作用促进大审计格局建设［J］．中国内部审计，2015（10）：10 – 12.

［60］蒋洪浪．基于大数据的数字化审计技术方法体系构建——以保险公司数字审计为例［J］．中国内部审计，2017（11）：11 – 14.

［61］刘家义．中国特色社会主义审计理论研究［J］．审计研究，2013（4）：113.

［62］刘伟．审计全覆盖面临的困难和对策［J］．现代审计与经济，2016（2）：21 – 22.

［63］迟玉收，胡永保，管文行．大数据背景下高校国有资产管理的变革［J］．教育研究，2018（8）：56 – 60.

［64］财政部行政司法司课题组．行政单位国有资产绩效评价思路和体系构建［J］．中国财政，2009（22）：31 – 33.

［65］樊鹏．高校国有资产管理存在问题与对策探讨［J］．宏观经济管理，2017. S1：74 – 75.

［66］李瑛．高校国有资产管理制度廉洁性评估［J］．中国高校科技，2015（5）：83 – 85.

［67］王宝库．构建我国行政事业单位国有资产管理新体制势在必行［J］．财政研究，2006（2）：12 – 15.

［68］何丽敏，刘海波，许可．国有资产管理视角下央企科技成果转化制度困境及突破对策［J］．济南大学学报（社会科学版），2022，32（3）：102 – 110.

［69］陈文磊．国有资产管理体制改革与国企创新投入——基于"管资本"的视角［J］．财经问题研究，2021（9）：113－120．

［70］齐守印，何碧萍．关于国有资产管理体制的理论辨析、逻辑结构、国外经验与总体建构目标［J］．当代经济管理，2019，41（10）：18－25．

［71］张桂芳．以"管资本"为主的国有资产监管改革路径与措施——对上海市国有企业中高级管理人员的调研思考［J］．西部论坛，2017，27（4）：66－73．

［72］徐传谌，翟绪权．国有企业分类视角下中国国有资产管理体制改革研究［J］．理论学刊，2016（5）：46－53．

［73］财政部行政政法司．基于国有资产流失防治视角的高校总会计师制度建设．行政单位国有资产管理暂行办法解读［M］．1 版．北京：中国财政经济出版社，2006．

［74］张辉．基于模块化神经网络模型的高等学校资产管理绩效综合评价［J］．现代计算机（专业版），2018（6）：62－64．

［75］周亚越，洪舒迪．数字技术驱动基层监督效能提升的行动逻辑——以 W 市村务清廉 D 平台为例［J］．行政论坛，2022，29（5）：93－100．

［76］董瑛．清廉中国的逻辑体系与时代建构［J］．人民论坛·学术前沿，2019（23）：76－87＋158．

［77］郭剑鸣，操世元．探寻从财政透明走向政府清廉之路——"公共财政体制建设与反腐败"论坛综述［J］．政治学研究，2011（2）：124－125．

［78］郭春丽．国有资产管理体制改革的总体思路和实现路径［J］．宏观经济管理，2014（10）：18－20＋23．

［79］金强．国有独资公司基于公司治理的资产管理模式优化研究［J］．现代管理科学，2013（5）：105－107．

［80］丁传斌．地方国有资产监管与运营困境突破［J］．南通大学学报（社会科学版），2013，29（2）：37－43．

［81］唐云松，李高新．国企改制中资产管理的痹症与防治［J］．

湖南师范大学社会科学学报，2012，41（4）：105 – 108.

［82］袁东升. 国有资产管理体制调整探究［J］. 社会科学家，2012（5）：50 – 53.

［83］Ferejohn, J. Accountability and authority: Toward a theory of political accountability, in: A. Przeworski et al（eds）, Democracy, Accountability, and Representation, Cambridge University Press, 1999.

［84］Irwin, T. C. Shining a light on the mysteries of state: The origins of fiscal transparency in Western Europe, IMF Working Paper, 2013, No. 13/219.

［85］Hameed, F. Fiscal transparency and economic out comes, IMF Working Paper, 2005, No. 05/225.

［86］Friedberg, Asher, Lutrin. The Internal Audit in U. S. Local Government in the 1990s: A Status Report and Challenges Journal of Public Budgeting. Accounting & Financial Management［J］, 2001, 13（3）：325 – 344.

［87］Brown K, Waterhouse J, Flynn C. Change management practices［J］. International Journal of Public Sector Management, 2003, 16（3）：230 – 241.